an
Tarim
Shibam
Al Qatn
Say'ūn
Harūt
Sayḫūt
Ash Shiḫr
Al Mukalla
Bālḫaf
en

Peter Umfahrer · Jemen

Widmung

Dieses Buch ist
meinem Freund Stefan gewidmet,
mit dem ich diese und andere Reisen unternommen
und viele schöne Stunden verbracht habe.
Stefan wurde unerwartet und viel zu früh
aus unserer Welt gerissen.

Peter Umfahrer

Jemen

Weishaupt Verlag · Graz

Titelfoto: Die »Dschambia«, ein Krummdolch, ist der Stolz jedes Jemeniten.
Schutzumschlag-Rückseite: Der Imam-Palast im Wadi Zhar unweit der Hauptstadt Sana'a.

ISBN 3-900310-97-1
1. Auflage 1992

Gesamtherstellung: Druck- und Verlagshaus M. Theiss,
A-9400 Wolfsberg.
Printed in Austria.

Inhalt

Ein Märchen aus 1001 Nacht wird wahr

Jede Geschichte hat ihren Anfang

Hätten meine Eltern damals bereits gewußt, daß ein Buch so viele unruhige Stunden und damit so »verheerende« Auswirkungen auf das menschliche Nervensystem hervorrufen kann, ich glaube, sie hätten sich den Entschluß, mir dieses zu schenken, sicher gründlich überlegt. Doch wie gesagt – jede Geschichte hat ihren Anfang.

Das Weihnachtsfest stand wieder einmal vor der Tür, und ich war bereits Tage davor gespannt, was wohl heuer unter dem Christbaum liegen würde. Umso größer war dann meine Überraschung, als ich neben einigen Spielsachen – ein Buch fand. Allein der geheimnisvolle Titel rief in mir eine gewisse Neugierde hervor, und so vertauschte ich an jenem Abend schon bald die Spielsachen mit dem Buch. »Die Barke des Chalil Efendi«, ein Bericht über eine Afrika-Expedition von Alfred Brehm. Namen wie Kairo, Rotes Meer, Sahara, Sudan. – Namen, die ich bisher nur mit einem Ohr vom schulischen Geographie-Unterricht kannte, weckten mein Interesse von Seite zu Seite. Ja es ging sogar so weit, daß meine Eltern in den Nächten sämtliche Taschenlampen verstecken mußten, damit ich nicht heimlich unter der Decke weiterlesen konnte.

Das Wort Afrika enthielt für mich etwas Entferntes, Ursprüngliches, Wildes. Bald stand für mich fest, dort möchte, ja muß ich einmal hin. In meinem Gehirn begann es trotz meiner Kindheit zu arbeiten und zu brodeln. Zunächst ergab sich die Frage – wie komme ich überhaupt nach Afrika? Natürlich mit einem Auto. Sehr zum Gelächter meiner Eltern erkundigte ich mich damals als zehnjähriger Stöpsel sofort, was ein Geländewagen für so eine Expedition kosten würde. Das Gelächter wich jedoch bald einer nachdenklichen Stimmung, und insgeheim hoffte man bereits, daß ich nicht in die Fußstapfen meines Großvaters treten würde, der bereits um die Jahrhundertwende als Matrose die Erde erkundet hat.

Die Jahre vergingen, und da meine Eltern als nicht sehr reisefreudig gelten, verbrachte ich die nächsten paar Schulferien in unserem Sommerhäuschen in Kärnten, von wo ich meine großen Expetitionen nur geistig nachvollziehen konnte.

Aber auch hier gab es viel zu entdecken. Vor allem, wenn ich mit meinem Vater auf einen der umliegenden Gipfel gehen durfte. Hinter jeder Kuppe und in jedem Tal sah ich bereits das große Abenteuer. Besonders vom Reißkofel, einem 2400 m hohen, felsigen Berg oberhalb unseres Dorfes, reichte der Blick an klaren Tagen bis hinunter in die italienische Ebene. Ja dort wollte ich gerne hin, denn dort lag das Meer, etwas, das ich bisher nur aus dem Fernsehen und von Erzählungen her kannte. Umso unglaublicher war es – ich zählte mittlerweile bereits 15 Jahre –, als eines Tages meine Eltern in Kärnten sagten: »Morgen fahren wir nach Triest ans Meer«!

Zusammen mit einem Freund, der ebenso »welterfahren« war wie ich, konnten wir den lang ersehnten Augenblick kaum mehr erwarten. Und dann war es soweit. Wir standen vor der riesigen, fast spiegelglatten Wassermasse des Mittelmeeres. Es war der tollste Augenblick in meinem bisherigen Leben. Fast fühlten wir uns schon Tausende von Kilometern südlich versetzt, und der große Fischmarkt von Triest mit all seinen verschiedenen Sorten von Fischen, Krebsen und anderem Getier ließ die Herzen von uns Buben trotz des penetranten Gestankes gewaltig höherschlagen. Meine Eltern wußten damals gar nicht, was sie mir mit diesem Ausflug für eine große Freude bereitet hatten. Wieder zu Hause in Innsbruck, bekam ich von meinem Cousin das Angebot, mit ihm eine Klettertour auf die Frau Hitt, jene sagenumwobene, felsige Gestalt oberhalb von Innsbruck zu unternehmen. Die Art des Bergsteigens gefiel mir, und immer öfter zog es mich damals hinauf in die Berge. Vor allem genoß ich die Einsamkeit und die Ruhe, die man, so weit oben, in vollen Zügen auskosten konnte.

Bald schon trat ich einem der Innsbrucker Kletterklubs bei, ein wilder, lustiger Haufen, der jede Stunde – manchmal sogar die Schulstunden – zum Klettern nützte. Da wir in den Wintermonaten in der Umgebung keine guten Trainingsmöglichkeiten vorfanden, suchten wir diese in den Calanques, den Klippen an der Küste bei Marseilles. So schlug ich in meinem Fall zwei Fliegen auf einen Schlag. Ich kam wieder ans Meer und konnte dort gleichzeitig meinem Hobby nachgehen.

Nach Abschluß der Schule drängten meine Eltern darauf, daß das Söhnchen ja einen guten Arbeitsplatz bekommt. Gesagt – getan. Nach ein paar Monaten war ich in der städtischen Lohn- und Gehaltsverrechnungsstelle angestellt.

In dieser Zeit lernte ich meine Freundin Sonja kennen, ein Mädchen, mit dem ich meine so kostbare Freizeit optimal teilen konnte. Vor allem gehörte Sonja nicht zu jener Art von Berggemsen, die durch ihr hartes Nordwandgesicht auffielen – im Gegenteil: Sie hatte eine nette Art und war dazu auch noch hübsch.

Wie es bei jungen Menschen so ist, wenn das Frühjahr und damit die warme Zeit kommt, möchte man gemeinsam den Urlaub verbringen. Schön und gut. Nur ein Problem gab es. Sonja wollte schwimmen und ich Bergsteigen. Aber auch daran wurde vermutlich bei der Erschaffung der Erde gedacht – und die Insel Korsika entstand.

Einen Haken hatte das ganze aber doch. Ich konnte als städtischer Angestellter – und das war meiner Meinung nach der einzige Vorteil an meiner Arbeit – fünf Wochen Urlaub machen. Daran brauchte meine Freundin als Friseurin nicht im geringsten zu denken. Zwei Wochen – und keine Stunde länger, das war das Angebot des Brötchengebers. Meiner Meinung nach haben diese Schnipselmeister noch nie gehört, daß eine Erholungsphase erst nach zwei Wochen beginnt. Doch was solls. Wir beide nützten die Tage von der ersten bis zur letzten Stunde. Ein Jahr darauf ging es mit dem Campingbus nach Sardinien. Gleich geblieben waren meine Partnerin und die zwei Wochen Urlaub. Wir lagen nicht vor Madagaskar, sondern auf La Magdalena, einer winzigen Insel im Norden vor Sardinien und ließen uns die Sonne kräftig auf die Bäuche scheinen.

Schon seit Tagen kreisten einige wirre Gedanken in meinem Gehirn herum, die rückwirkend betrachtet sicher zu einem Meilenstein in unserem Leben geworden sind. Plötzlich zündete der Funke wie bei einem Bezinmotor. »Warum verreisen wir nicht einmal solange es uns gefällt«, sprudelte ich heraus. Dann fuhr ich fort. Es sollte jedoch kein Ausstieg aus dem Berufsleben sein, einfach nur, um unserer lieben Welt auf Wiedersehen zu sagen, um dann irgendwann einmal in irgendeiner verlassenen Ecke unserer Erde still und leise zu vergammeln. Die »unbegrenzte« Zeit sollte dazu dienen, fremde, unberührte Landschaften kennenzulernen, vielleicht mit den dort lebenden Menschen zu leben und von ihnen zu lernen versuchen. Nachdenklich erwiderte Sonja: »Die Idee ist sicher nicht schlecht, doch meine Eltern würden darauf nie einsteigen.«

Irgendwo konnte ich ihre Bedenken teilen, schließlich war Sonja erst zwanzig Jahre alt, und welche Eltern lassen ein Mädchen, noch dazu ein blond gelocktes, so mir nichts dir nichts aus den Händen, damit sie sich mit einem Typen die Welt anschauen kann. Ihre Eltern waren sicher ein schwieriger Brocken, doch steter Tropfen höhlt bekanntlich den Stein.

Einfacher war es von meiner Seite her. Da mir die Zahlen, mit denen ich ständig bei meiner Arbeit konfrontiert wurde, schon lange beim Hals heraushingen, war eine Kündigung überhaupt kein Thema zur Diskussion. Was meine Eltern betrifft, so würde ich mit ihnen darüber sicher reden können. Letzte und eigentlich wichtigste sich ergebende Frage, die noch offenstand, war, wo fahren wir hin?

Mit Südamerika wurden all unsere Vorstellungen erfüllt. Ein Fleck Erde, der von den 6000 m hohen, eisgepanzerten Bergen der Kordilleren über vegetationslose Wüsten bis zu den dampfenden Regenwäldern des Amazonasgebietes reicht. Langsam kam die Sache ins Rollen, und es fing an, mir zu gefallen.

Als unsere Pläne zur lieben Verwandtschaft und zu meinen Arbeitskollegen durchsickerten, erklärten diese mich schlechthin für verrückt. »Du willst deinen guten und vor allem sicheren Arbeitsplatz aufgeben, nur um ein paar Monate zu verreisen?« Für mich waren solche Reaktionen normal, ich würde sagen, es waren die Reaktionen des normalen Bürgers, der sein Leben lang brav einer geregelten Arbeit nachgeht und keinen Schritt links oder rechts aus diesem Kanal entweicht. Jedem das seine – und mir ein bißchen mehr, dachte ich. Ich war jedenfalls fest entschlossen, mein weiteres Leben nicht so zu gestalten.

Im März waren alle Vorbereitungen abgeschlossen. Sonjas Eltern waren weichgeknetet und erteilten uns mit sichtbarer Freude das »Ja-Wort«. Nicht für unsere Hochzeit, sondern für die Reise nach Südamerika.

Wenige Wochen vor der Abfahrt bemerkte ich, daß mit meiner Freundin irgend etwas nicht stimmte. Und eines schönen Tages gestand sie mir, daß ihr alles ein bißchen zu viel geworden sei und wir den Abreisetermin um ein oder zwei Monate verschieben sollten. Einen Moment war ich nahe daran, darauf einzusteigen. Da es aber überhaupt nichts brachte, knallte ich ihr meine Antwort sofort vor die Nase und hoffte gleichzeitig, ihr damit den Wind aus den Segeln zu nehmen. »Entweder der abgemachte Termin oder ich fahre alleine!«

Das hatte gewirkt. Hätte sie nein gesagt, wäre mir vermutlich nichts anderes übriggeblieben als später zu fahren. So aber blieb es, wenn auch nur ungern, beim vereinbarten Termin. Dann war es soweit. Große Verabschiedung von allen Freunden, Bekannten, Verwandten und zu guter letzt von den Eltern. Schließlich wußte ja keiner, wann wir uns wiedersehen würden. Um es kurz zusammenzufassen – es wurde eine fantastische Zeit. Wir begannen unsere Reise in Peru und durchquerten das Andenhochland auf abenteuerlichen Wegen bis hinunter in den Süden des Landes. Da wir alles wirklich hautnah erleben wollten, nicht wie die meisten Touristen vom Hotel aus, schliefen wir dort, wo auch die Einheimischen nächtigten und ernährten uns in Städten und Dörfern von dem, was auf dem Markt angeboten wurde. Unsere hochempfindlichen Mägen, und vor allem unsere Darmflora, schienen da aber strikt dagegen zu sein und streikten, wo es nur ging. Das heißt, auch wir wurden gezwungen, zu streiken. Meist artete es in einen Sitz oder Hockstreik in der südamerikanischen Landschaft oder auf einem der zahlreichen »appetitlichen« Örtchen aus. Etwas unangenehm wirkte sich die Zeit vor allem während unserer Bergbesteigungen in den Anden aus, da wir in großer Höhe alle Kräfte und Energien dringend benötigten.

Die in Peru verbrachten Tage und Wochen stimmten uns konsumüberschwemmte Europäer sehr nachdenklich, vor allem wenn man sah, mit wie wenig die Menschen oft auskommen müssen. Trotzdem strahlten diese Leute neben einer unwahrscheinlichen Ruhe Glücklichkeit und Zufriedenheit aus. Vielleicht besteht ihr Glück gerade in der ihnen zur Verfügung stehenden Zeit, eine Gabe, die sie das Wenige, das sie besitzen, intensiver erleben läßt, eine Gabe, die für uns leider fast zu einem Fremdwort geworden ist.

Über Equador, Kolumbien und die Staaten Mittelamerikas

zogen wir hinauf bis Mexiko. Die vielen schönen Stunden waren jedoch auch vermischt mit Stunden, in denen wir Lehrgeld bezahlen mußten. So, als wir in Peru von Dieben erleichtert wurden, in Kolumbien vor mehreren Betrügern fluchtartig die Gegend verlassen mußten oder in Mexiko von einem unter Rauschgifteinfluß stehenden Mann mit einer Waffe bedroht wurden.

Immer wieder ergaben sich neue Situationen, in denen wir mitunter blitzschnell reagieren und entscheiden mußten, Situationen, die uns aber mit Sicherheit um Erfahrungen reicher machten.

Nach der Rückkehr von der Reise wußten wir beide, Pardon, wir drei, denn wir hatten einen streunenden, halbverhungerten Hirtenhund an einer Küste Mexikos aufgegabelt und mitgenommen, daß unsere Liebe jenen Menschen galt, die in diesen faszinierenden Landschaften noch in ihrer ursprünglichen Form zu finden sind.

Die Idee

Das Jahr nach unserer Reise verging großteils damit, die finanzielle Basis wieder auf Vordermann zu bringen. Außerdem waren wir geistig noch mehr in Südamerika als zu Hause und mußten die vielen Eindrücke, die wir während unserer Reise gewonnen hatten, erst einmal verdauen.

Gegen Ende des Jahres schlich in mir ein eigenartiges Gefühl hoch, unter den Fingernägeln begann es wieder zu kribbeln. Sofort war mir klar, was das bedeutete. Das Reisefieber hatte mich abermals gepackt. Diesmal war es der hohe Norden Europas, der mich seit einiger Zeit wegen seiner unberührten Landschaften und der Tierwelt faszinierte. Aber nicht Norwegen, Schweden oder Finnland sollten es sein, sondern Spitzbergen, Europas größtes Naturreservat zwischen dem 74° und 81° Breitengrad Nord. Zusammen mit zwei Freunden, einem Boot und einem Schlitten stand eine Durchquerung der Insel mit einigen Bergbesteigungen auf dem Programm. Ein durchschlagkräftiges Team, so dachte ich zu Beginn. Leider zerstörten Kälte und Nässe schon bald die Psyche meiner beiden Begleiter. Unsere Expedition ging im wahrsten Sinne des Wortes im Eismeer baden. Wieder hatte ich etwas dazugelernt, vor allem, daß man sich seine Partner für schwierige Unternehmungen genauer aussuchen muß.

Um mich von der Kälte des Nordens »aufzuwärmen«, beschlossen meine Freundin und ich, im Herbst mit Mountainbikes in die Wüste Sinai zu radeln.

Meine Freude war in zweifacher Hinsicht groß. Erstens hatte ich mit Sonja einen Partner, auf den ich mich verlassen und mit dem ich durch dick und dünn gehen konnte. Außerdem ging nun jener Traum in Erfüllung, von dem ich seit meinem Buch von Brehm geträumt hatte, ich kam nach Afrika.

Kairo, die größte Metrople Nordafrikas, mittlerweile eine der größten Städte der Welt, empfing uns in den Nachtstunden. Überall huschten kurzgeschorene, dunkelhaarige Gestalten in ihren bis über die Knie reichenden Kleidern, den sogenannten Djellabahs herum. Wir wurden bestaunt von oben bis unten und von unten bis oben. Vor allem die Kombination Mensch – Fahrrad war es, die ihre Neugierde weckte. Der Gipfel auf dem Ganzen war natürlich meine blonde Freundin, an ihr blieb fast jedes Araberauge wie ein Magnet hängen.

Um das für uns fremde arabische Leben mit all seinen Eigenheiten näher kennenzulernen, verbrachten wir die ersten Tage in der Stadt.

Kairo – das bedeutet eine gigantische flächenmäßige Ausdehnung, pulsierendes leben in den unzähligen Straßen und Gassen, sowie Schmutz, der einen von den Hochhäusern der modernen Stadtteile bis hinein in die finstersten Ecken der Altstadt verfolgt. Aber trotz all dieser Umstände finde ich, Kairo ist eine einmalige, fantastische Stadt. Oder vielleicht gerade deshalb. In ihr sind der Orient und ein westlicher Hauch gemeinsam vereint.

Nach den Tagen der Eingewöhnung stand einer Radtour in den Sinai eigentlich nichts mehr im Wege. Doch, etwas hatten wir noch zu bewältigen, nämlich den Suezkanal. Danach lagen die Weiten der Sinai-Halbinsel wie ein geöffnetes Buch vor uns.

Zugegeben, am Beginn waren wir ein bißchen enttäuscht, denn in unserem Geiste schwebte uns die Wüste mit goldgelben Sanddünen und blauem Himmel vor. Der blaue Himmel war reichlich vorhanden, statt der goldgelben Dünen säumte aber stark verschmutzer Sand das glühend-heiße, schnurgeradeausführende Band des Asphalts. Die Monotonie der Landschaft wurde nur ab und zu durch abgeschossene, teilweise bis zu den Kanonenrohren eingesandete Panzer, Zeugen der letzten politischen Konflikte zwischen Israel und Ägypten, aufgelockert. Zur fast unerträglich gewordenen Hitze, und das, obwohl es schon Oktober war, gesellten sich langsam die ersten Wehwehchen dazu. Meine Freundin klagte über Schmerzen an ihrem verlängerten Rücken. Das sollte jedoch nicht zum Problem werden, schließlich kann das jedem passieren. Ein Ruhetag verhilft in solchen Situationen zur sofortigen Schmerzlinderung der betroffenen Körperstellen. Außerdem brachten diese Rasttage einen gewissen Vorteil mit sich, denn in den kleinen Dörfern an der Westküste knüpften wir die nettesten Kontakte zu den Einheimischen. Kaum einer der Touristen, die den Sinai bereisen, macht hier einen Zwischenstopp, alle fahren direkt nach Sharm el Sheik, Nuveiba oder

Elat. Wieder einmal wurde die Tatsache bewiesen, daß dort, wo der Tourismus seine Fühler noch nicht ausgebreitet hat, die Menschen natürlich und unverdorben sind.

Auch auf der Weiterfahrt hinunter in den Süden erlebten wir immer wieder freundliche Begegnungen. Der normal denkende Araber konnte und wollte es einfach nicht verstehen, daß sich jemand bei dieser Hitze freiwillig auf einen Drahtesel setzt, um in der Gegend herumzuradeln. Man bot uns an, die Räder doch um Himmels willen auf die Ladefläche ihrer Fahrzeuge zu legen und im Wageninneren mitzureisen. Während wir dankend verneinten, setzten die Ägypter kopfschüttelnd und sich öfters umblickend ihre Fahrt fort.

Ras Muhammed, den südlichsten Punkt der Halbinsel Sinai erreichten wir nach einigen Tagen Fahrt. An diesem abgelegenen Ort gibt es – so der erste Anschein – eigentlich nichts außer Steine, Sand und Wasser. Und doch finden wir hier etwas, das ihn für uns zu einem der tollsten Gebiete unserer Erde macht. Die Rede ist von der Unterwasserwelt des Roten Meeres. An kaum einem anderen Ort ist der Unterschied zwischen karger, monotoner Landschaft zu buntester, lebendiger Unterwasserwelt größer. Dort, nur wenige Kilometer Luftlinie entfernt, die einsamen, felsigen, bis in eine Höhe von 2700 m reichenden Berge, deren Ausläufer sich bis an die Küste fortsetzen. Einige Meter weiter eine lebendige, teilweise hektische Welt in den buntesten, ja oft verrücktesten Farben.

Jeder Mensch, der zum ersten Mal mit einer Taucherbrille einen Blick in dieses natürliche »Aquarium« hinabwirft, muß unweigerlich davon angetan sein. So erging es jedenfalls uns.

Solche satten, kräftigen Farben gab es an Land nirgendwo. Es ist ein wahres Fest für die Augen. Beeindruckt von Menschen und Landschaften stand für mich auf dem Rückflug in die Heimat bereits fest: es war sicher nicht die erste und letzte Reise in ein arabisches Land. Das nächste Mal sollte es allerdings ein Land sein, in dem wir die arabischen Sitten und Bräuche in einer noch ursprünglicheren Form erleben können. Vor allem sollte es ein Gebiet sein, in dem der Tourismus – wenn überhaupt vorhanden – noch in den Kinderschuhen steckte.

Nun, leider versuchen immer wieder geschäftstüchtige Reisebürofritzen, die schönsten Gebiete der Erde zu »entdekken«, um dann finanzkräftige Urlauber in diese Gebiete zu baggern, so daß einem die Aufgabe nicht ganz leicht gemacht wird.

Je mehr ich mich aber mit dem Studium von Landkarten und Literatur beschäftigte, umso mehr fiel mein Blick auf den gebirgigen Südwesten der Arabischen Halbinsel. Hier liegt ein Land, in dem rund elf Millionen Menschen noch fast so leben wie die Araber jener Zeit, als die Römer von »Arabia felix«, dem glücklichen Arabien sprachen. Ja, der Nordjemen schien den von mir gesteckten Anforderungen am meisten gerecht zu werden. Vor allem war es auch die einzigartige Architektur, die bereits von Beginn an eine gewisse »Liebe auf den ersten Blick« zum Land herstellte.

Als nächstes stellte sich die Frage, wie bewege ich mich im Land fort? Ich versuche immer, ein möglichst einfaches und natürliches Fortbewegungsmittel zu finden. Flüsse, auf denen man mit Hilfe eines Bootes vorwärtskommt, schieden schon von vornherein aus. Wenn es solche in dieser Ecke unserer Erde gibt, dann nur in der Regenzeit, und dort auch nur unsicher und in Miniaturform. Zu Fuß, eventuell mit einem Tier, das war mit Abstand die einfachste Form der Fortbewegung. Da meine Zeit aber für die Jemenreise in gewisser Weise begrenzt war, erübrigte sich der Gedanke.

Was blieb, war wieder einmal mein guter, treuer Drahtesel, der mich schon so viele Kilometer im In- und Ausland herumgeführt hatte.

Somit waren Reiseziel und die Art der Fortbewegung geklärt, was jetzt noch fehlte, war ein geeigneter Partner.

Der richtige Partner

Den idealen Partner zu finden, ist meiner Meinung nach der schwierigste Punkt des Reisens. Vor allem einen Partner, der zeitlich ungebunden ist, über ein gewisses Maß an Ausdauer verfügt und für einige Wochen die europäische Küche sowie die gewohnten Annehmlichkeiten an den berühmten Nagel hängen kann und – jetzt kommt für mich der entscheidende Punkt – einen kameradschaftlichen Geist mit in die kleine Runde bringt. Für einen mehrwöchigen Urlaub an einer sonnigen Küste Europas, mit Schwimmen, gutem Happi und abendlichen Discobesuchen, läßt sich bald jemand finden. Bei vielen mangelt es auch nicht an Interesse, wenn sie von solchen Unternehmungen hören. Die Begeisterung nimmt jedoch spätestens dann ab, wenn die Leute erfahren, daß sie auf den gewohnten Komfort verzichten müssen und mit Anstrengungen und Entbehrungen zu rechnen haben. Das ist meist der Punkt, wo auch bei den sogenannten »wilden Hunden« die Augen immer größer und das Gesicht immer länger wird. Daß jede Reise eine gewisse Art von Risiko mit sich bringt, braucht gar nicht mehr erwähnt zu werden, denn die Kategorie von sogenannten Angebern oder »Möchte-gern-Typen« hat dann bereits ihren Schwanz eingezogen und im Retourgang die Stelle der Besprechung verlassen.

Sämtliche meiner Bekannten und Verwandten schieden sofort aus irgendwelchen Gründen aus, leider auch meine Freundin Sonja, treue Begleiterin auf etlichen Fahrten. Sie lag mit einem riesigen Gips im örtlichen Krankenhaus. Außerdem war sie der Meinung, daß die Reise viel zu anstrengend wäre. Das war meine Freundin, ein Mensch, der seine Grenzen sehr genau kannte und eventuelle Schwächen offen zugeben konnte, zum Unterschied von jenen Leuten, die plötzlich während einer Reise draufkommen, daß ihnen alles ein bißchen zuviel geworden ist und die Expedition somit zum Aufgeben zwingen. Der Zufall wollte es, daß ich seit langer Zeit wieder einmal im Paddelklub vorbeischaute. Schon bald fiel mir dort ein ruhiger, besonnener Bursche auf, der trotz seines jugendlichen Alters von zwanzig Jahren in Fachkreisen als äußerst guter und extremer Kajakfahrer galt.

Wir verstanden uns auf Anhieb und unternahmen an den nächsten Wochenenden einige Skitouren und Wildwasserfahrten. Wie sich schon bald herausstellte, gehörte Stefan nicht zu jener Kategorie von Menschen, die den Sport als Freizeitgestaltung sehen, nur, um den Körper zu trainieren. Zwischen ihm und der Natur bestand vielmehr eine gewisse Liebe. So konnte er sich an einer tollen Gebirgslandschaft ebenso erfreuen wie an einer blühenden Blume oder einem munter dahinsprudelnden Bächlein.

Je öfter wir gemeinsame Touren unternahmen, umso mehr festigte sich mein Gedanke, daß gerade er der richtige Partner für mein Vorhaben sein könnte. Eines schönen Tages, bei einem gemütlichen Bier, weihte ich Stefan in meine Pläne ein. Er hörte sich, seiner ruhigen Art entsprechend, alles genau an und verdrehte auch nicht die Augen, als ich von den zu erwartenden Dingen erzählte. Die Idee schien ihm zu gefallen, er bat mich jedoch um ein paar Tage Bedenkzeit, da er »so etwas noch nie unternommen hatte«. Früher als erwartet, und sichtlich über seinen Entschluß erfreut, überbrachte er mir seine positive Antwort. Auch ich freute mich darüber, und irgend eine Stimme sagte mir schon jetzt, daß die Reise ein Erfolg werden würde.

Auf jeden Fall konnten wir von nun an konkret an die Vorbereitungen schreiten. Das bedeutete vor allem Briefverkehr mit Botschaften, Karteninstituten und Firmen. Zeit genug, möchte man glauben, war es doch noch gut ein halbes Jahr bis zu unserer Abfahrt. Aber die Wochen und Monate verfliegen meist schneller als einem lieb ist, und es dauert nicht lange, da steht der Tag der Abreise vor der Tür.

Mit Hilfe einer recht brauchbaren Jemenkarte versuchten wir zunächst, aus dem Gewirr von Straßen, Wegen und Pisten eine ideale Route herauszufinden. Leider war das, was wir aus Büchern und Landkarten herauslesen konnten, nicht gerade sehr ermutigend. Zwei große Hindernisse stellten sich schon von Beginn an in den Weg, und diese in der richtigen Reihenfolge zu bewältigen, war sicher ein kleiner Schlüssel zum Erfolg. Da waren einerseits die steilen, schlechten Pisten des Gebirgsjemen, Strecken, die uns in Höhen von über 3000 m führen würden. Ja, in den Bergen westlich der Hauptstadt Sana'a würden wir mit Sicherheit alle unsere zur Verfügung stehenden Kräfte benötigen. Das zweite Sorgenkind war die

Tihama, die Küstenebene des Roten Meeres, bekannt als eine der heißesten Gegenden unserer Erde. Nach langem Hin und Her beschlossen wir, das Abenteuer mit frischen Kräften in den Bergen zu starten, um uns so im Laufe der Zeit langsam an die mörderische Hitze, die uns in der Küstenebene mit 40° bis 50° erwarten würde, herantasten zu können. Auf gut deutsch hieß es, daß wir die Kondition, sprich unsere Waden, speziell auf Vordermann bringen mußten.

Für unser Training bedeutete das – lange Mountainbike-Touren und das ganze möglichst bei der größten Affenhitze. Gesagt – getan. Lange Touren waren kein Problem. Schwieriger gestaltete sich, das Training bei großer Hitze zu absolvieren. Unser teilweise irritiertes Klima bot zu Beginn des Sommers selten Temperaturen, bei denen von Affenhitze gesprochen werden konnte. Nach anfänglichen Schwierigkeiten schien es der Wettergott doch noch gut mit uns zu meinen und ließ die Sonnenstrahlen auf die Erde herabknallen, daß die Leute nur noch, aus allen Nähten ächzend, verzweifelt jedes Fleckchen Schatten zu erhaschen versuchten. Für die anderen Leid, für uns große Freud, oder so ähnlich. Für Stefan und mich herrschten ab diesem Zeitpunkt »ideale« Trainingsverhältnisse. Ideal für solche Dinge waren auch unsere heimatlichen Berge. Jede freie Minute verbrachte ich auf meinem Drahtesel. Kein Weg ins Gebirge war zu steil, keine Alm konnte noch so entlegen sein.

Durch das tägliche Training entwickelte sich im Laufe der Zeit neben der Kraft auch eine gewisse Geschicklichkeit, die uns immer verwegenere Touren meistern ließ. Recht lustig verliefen dabei die Begegnungen mit jenen Wanderern, welche oft mit Mühe und Not und unter Aufbietung sämtlicher Kräfte endlich ein Joch oder einen Gipfel auf schmalem Steig erklommen hatten und plötzlich einem Verrückten gegenüberstanden, der dieselbe Strecke mit dem Fahrrad gemeistert hatte. Die Reaktionen der Leute waren dabei sehr unterschiedlich. Sie schwankten zwischen großer Begeisterung, Kopfschütteln und dem Zeigen des berühmten Vögelchens. Gott sei Dank zeigten die betreffenden Personen jeweils auf ihre Köpfe, so daß uns solche netten Gesten kaum berührten.

Der Sommer ging langsam dem Ende zu, und der Tag der Abfahrt rückte immer näher. Die letzten Wochen vergingen mit dem Kauf von fehlendem Material und dem Zusammenstellen der Ausrüstung. Unser Motto: möglichst alles Notwendige, jedoch möglichst wenig und klein. Immer wieder habe ich in unseren Breitengraden Radwanderer beobachtet, die wie ein wandelnder Trödlerladen durch die Lande ziehen, aufgepackt von den Vorderrädern über sämtliche Längs- und Querstangen bis zu den Satteltaschen am Gepäcksträger. Oft habe ich mich dabei gefragt, was diese Leute wohl unnützes Zeug mit sich in der Gegend herumschleppen. Für uns war ein überladenes Rad kein Thema zur Diskussion. Wir mußten auf den zu erwartenden schlechten Strecken wendig sein.

Meine Erfahrung von etlichen Reisen kam uns dabei zugute, denn im Laufe der Zeit lernt man, was wirklich benötigt wird und was lieber zu Hause im Schrank bleibt. Beim ersten Testpacken mochte es für einen Laien recht wenig aussehen, uns war es aber noch viel zu viel. In solchen Fällen ist es das beste, das Gepäck ein bis zwei Mal Stück für Stück durchzuchecken. Nicht selten ist man dann selbst überrascht, was noch ausgeschieden werden kann. Nach der dritten Durchschau ließen wir es gut sein, denn Stefans Rucksack glich schon eher einem größeren Handtäschchen als einem Rucksack für eine längere Jemenreise.

Einer unserer letzten Besuche führte uns zu einem Bekannten, der als Radmechaniker tätig ist. Unser Fahrrad war – trotz einer gewissen Robustheit – der wunde Punkt der Reise, und dem wollten wir entsprechend vorbeugen. Mein Bekannter hörte sich unsere Geschichte an und erwiderte lächelnd: »Das könnt ihr vergessen, denn meist werden jene Teile kaputt, von denen ihr keine Ersatzteile mitführt. Nehmt nur die wichtigsten Sachen wie Schlauch, Reifen, Flickzeug, Seilzüge und einige Kettenglieder mit. Außerdem, wenn ihr einen Rahmenbruch oder ähnliches habt, könnt ihr das Rad gleich stehenlassen.« Durch die letzten Worte nicht gerade ermutigt, verließen wir das Geschäft. Jetzt konnten wir nur noch dem Material vertrauen und hoffen, daß uns derartige Dinge erspart bleiben würden. Dann kam der Tag der Abreise. Letztes Hindernis war – wie schon so oft – der Grenzübergang.

Die riesigen Kartons, in denen wir die Räder verpackt hatten, erweckten bei den Zöllnern natürlich reges Interesse, und ihre Schnüffelnasen begannen förmlich zu fibrieren. Nachdem auch die letzte Hürde überwunden war, stand dem Beginn unseres Abenteuers nichts mehr ihm Wege.

Sana'a – die schönste Stadt Arabiens

Aufruf Flug LH 249 nach Sana'a. Jetzt wird es ernst, jetzt sind wir an der Reihe. Dank der heutigen Technik werden wir, mit nur einem Zwischenstopp in Jordanien, in die Hauptstadt des Jemen katapultiert.

Angenehme, warme Luft schlägt uns beim Verlassen des Flugzeuges entgegen. Ein Bus älteren Semesters transportiert uns von der Rollbahn zum Flughafengebäude. Tür und Tor sind während der Fahrt weit geöffnet, verflogen sind mit einem Male sämtliche Gedanken an bestehende Sicherheitsmaßnahmen. Als der Bus hält, klappen plötzlich, wie auf Kommando, sämtliche Türen zu, und einige Passagiere, die gerade hinausspringen wollten, krachen in die verschlossenen Türen. Ein Schmunzeln geht durch die Menge. Viele der Fluggäste wissen so wie wir, daß es seit dem Verlassen des Flugzeuges mit der gewohnten europäischen Genauigkeit vorbei ist. Ab sofort gelten orientalische Gesetze mit dem damit verbundenen Durcheinander.

Nach dem problemlosen Abwickeln der Zollformalitäten gilt unsere große Sorge den beiden Rädern. Bewußt haben wir eine europäische Luftlinie gewählt, im Vertrauen, die gesamte Ausrüstung zur richtigen Zeit am richtigen Ort vorzufinden. Und – es hat sich gelohnt. Ein fast hörbarer Klumpen fällt uns vom Herzen, als uns ein Angestellter der Luftlinie persönlich die Räder aushändigt.

Dutzende neugierige Gesichter kleben an den Scheiben der Ankunftshalle. Nicht schlecht, wenn man bedenkt, daß es bereits ein Uhr in der Früh ist. Doch die einmal wöchentlich ankommende Maschine aus Deutschland bietet für die Einheimischen eben immer wieder interessante Dinge. So auch heute. Die anderen Touristen werden nur mit einem kurzen Blick routinemäßig gestreift. Die Attraktion des Tages sind schlicht und einfach wir mit unseren Rädern.

In einer Ecke der Halle haben wir noch einige kleine Arbeiten am Rad zu erledigen. Innerhalb kürzester Zeit sind wir von einer Gruppe von Jemeniten eingekreist. Jeder der Männer ist in die Futah gekleidet, eine Art Rock, der von der Hüfte bis über die Knie reicht, und einem Oberhemd, das in den verschiedensten Farben getragen wird. Mit der vor dem Bauch in einem Gürtel steckenden Dschambia, einem Krummdolch, der als Männlichkeitssymbol im Jemen gilt, und den dunklen, bartstoppeldurchsetzten Gesichtern, die in ein turbanartig um den Kopf geschlungenes Tuch gehüllt sind, vermitteln sie einen recht verwegenen, fast kriegerischen Eindruck. Einigen dieser Typen möchte man zu vorgerückter Stunde in einer einsamen Gasse sicher nicht begegnen, so macht es zumindest den Eindruck.

Mit großem Interesse folgen ihre weit aufgerissenen Augen – in einem gewissen Respektabstand – jedem der Handgriffe, die wir am Rad vornehmen. Wir grüßen die Männer freundlich, bieten ihnen Zigaretten an, und schon bald ist die erste Hemmschwelle gebrochen.

Sie rücken näher, betasten die grobstolligen Reifen und fragen uns sofort nach dem Preis der Räder. Vorsichtshalber nennen wir ihnen eine wesentlich niedrigere Summe, da Touristen in Ländern der Dritten Welt fast immer den Ruf als kleine Millionäre besitzen, schließlich hat man sich den teuren Flug hierher leisten können.

Beim Verlassen des Flughafengebäudes werden wir von einem gutgekleideten, sehr freundlichen Jemeniten angesprochen. Er rät uns davor ab, zu so später Stunde in die Stadt zu fahren, da an jeder Ecke Polizeikontrollen durchgeführt werden und wir ohne den Besitz einer Aufenthaltsgenehmigung Schwierigkeiten bekommen könnten. Wir befolgen seinen Rat und verbringen die erste arabische Nacht inmitten vermummter, in Decken gehüllter Jemeniten.

Stimmengewirr und Schritte reißen uns plötzlich aus den tiefsten Träumen. Wo sind wir? Richtig, auf dem Flughafen von Sana'a. Voller Tatendrang schälen wir uns aus den Schlafsäcken, packen unsere sieben Sachen und steigen auf die Räder. Mit dem Verlassen der Beton- und Asphaltwelt des modernen Flughafengeländes, welches mit deutscher Hilfe errichtet wurde, wechselt das Landschaftsbild.

Weite, ebene Sandflächen werden immer häufiger von den für den Jemen so typischen Häusern unterbrochen. Dazwischen tauchen links und rechts der Straße die ersten Reifen- und Kfz-Werkstätten auf. Der Ausdruck Werkstätte ist vielleicht ein bißchen übertrieben. Eher handelt es sich dabei um halbzerfallene Buden, in denen Einheimische zwischen einem

Gewirr von Reifen und Ersatzteilen, eingehüllt in eine Schicht von Schmutz und Öl, ihrem Improvisationstalent freien Lauf lassen. Stefan, der zum ersten Mal in einem außereuropäischen Land am Weg ist, kommt aus dem Schauen und Staunen nicht mehr heraus. Inzwischen haben wir die Ausläufer der auf einer Hochebene, wie in einem Amphietheater, in einzigartig schöner Lage gelegenen Stadt erreicht. Ein lang ersehnter Wunsch geht damit in Erfüllung, denn bereits bei der Planung der Reise hat uns Sana'a in den Bann gezogen.

Knatternde Mopeds und hupende Autos begleiten uns in den modernen Teil der in 2300 m Höhe gelegenen Stadt. Am Tahrirplatz, dem Zentrum der Neustadt, liegt die Tourist-Corporation, jene Behörde, die für die Ausstellung der erforderlichen Reiseerlaubnis für Routen außerhalb von Sana'a zuständig ist (heute nicht mehr notwendig). Ein nicht gerade sehr freundlicher, englischsprechender Jemenite drückt uns nach langer Warterei den ersehnten Erlaubnisschein in die

Die Hauptstadt Sana'a, ein Märchen aus 1001 Nacht.
Sana'a zählt zu den ältesten Städten der Welt und soll nach arabischen Handschriften die älteste Stadt überhaupt sein.

Hände. Da wir noch an diesem Tag losradeln wollen, müssen wir noch etwas Geld wechseln. Als besonders heißen Tip hat man uns den Schwarzmarkt in den Gassen des Souk empfohlen. Hier wechseln anscheinend ganze Bündel von Geldnoten unerlaubt ihre Besitzer.

Der Souk befindet sich im ältesten Stadtteil innerhalb einer noch recht gut erhaltenen Stadtmauer, durch die früher acht Stadttore in die Altstadt leiteten. Wir wählen den Weg durch das einzige heute noch vollständig erhaltene Haupttor, das »Bab el Jemen« (Tor zum Jemen).

Bereits wenige Schritte nach dem Verlassen der modernen Hauptstraße befinden wir uns in einer völlig anderen, fremden Welt. Liebevoll möchte ich das Tor als Pforte bezeichnen, die in eine Welt aus 1001 Nacht führt. Leicht von der Sonne angeschienen, präsentieren sich die von der UNESCO unter Denkmalschutz gestellten Häuser. Vier bis sechs Stockwerke hoch, sind sie fast zur Gänze aus Stein oder gebrannten

Lehmziegeln erbaut. Aus Verteidigungsgründen weisen die unteren Stockwerke keine oder nur ganz kleine Fensteröffnungen auf. Die Fassaden der Wohnhäuser, die man beinahe schon als Wohnburgen bezeichnen kann, sind verziert mit weißen Stuckornamenten, in denen Fenster aus leuchtenden Buntgläsern eingefaßt sind. Während wir langsam unsere aufgepackten Räder durch die immer enger werdenden Gassen schieben, umfängt uns die bezaubernde und zugleich auch groteske Trödlerwelt des Orients. Der Souk, ein Labyrinth aus unzähligen Gäßchen mit offenen Läden, winzigen, höhlenartigen Werkstätten und einer berauschenden Vielfalt von Farben, Gerüchen und Geräuschen.

Jedes Handwerk hat im Souk seine eigenen Gassen, angefangen von den Tischlern über Schmiede, Schreiner, Dschambia-Hersteller bis hin zum Gewürzmarkt und jenen Händlern, die von der Schraube über Plastiksachen bis zum Fahrrad alles verkaufen. Gehandelt und gefeilscht wird, oft bis in die höchsten Töne hinaufjammernd, an jeder Ecke, um jedes Stück. Unterbrochen wird die Szenerie nur hin und wieder durch das eine oder andere Moped oder die winzigen japanischen Lieferwägen, die sich hupend, unter Aufbietung sämtlicher Fahrkünste, ihren Weg durch den Knäuel von Menschen, Tieren und Verkaufsständen bahnen.

Bei all diesen fast unglaublichen Bildern wandern meine Gedanken einen Tag zurück... Nur neun Flugstunden trennen das moderne Europa von einer faszinierenden arabischen Welt, einer Welt, in der man sich ins Mittelalter zurückversetzt fühlt.

Getrübt wird das schöne Bild der Stadt nur durch die Tatsache, daß sämtliche Fäkalien aus den Häusern in die Gassen sickern und der Müll einfach auf die Straße geworfen wird. Da es in der Altstadt keine mit europäischen Verhältnissen gewohnte Abfallbeseitigung gibt, vermitteln somit manche Straßenzüge das Bild einer soeben eröffneten Mülldeponie.

Inzwischen haben wir uns zu jenen Gassen durchgekämpft, in denen die Geldwechsler ihr »Unwesen« treiben. »Change, change«, ertönt es bei unserem Anblick aus einigen der winzigen, offenen Länden in gebrochenem Englisch. Da wir am Flughafen bereits den üblichen Zwangsumtausch getätigt haben, wissen wir über den derzeitigen Bankkurs genau Bescheid. Beim ersten Laden, der uns sympathisch erscheint, versuchen wir unser Glück und erkundigen uns nach dem Kurs für einhundert Dollar. Der Mann, ein etwas älterer, typisch gekleideter Jemenite, wühlt in der Tasche seines Rockes herum – und zieht plötzlich einen kleinen Taschenrechner hervor. Kräftig drücken seine groben, schmutzigen Finger einige der Tasten. Beim Anblick dieses Bildes schauen wir uns beide an und müssen innerlich lachen. Ein Produkt des 20. Jahrhunderts inmitten einer mittelalterlichen Welt. Stolz präsentiert uns der Jemenite nach einiger Zeit den Taschenrechner, auf dem er »seinen« Kurs ausgerechnet hat, in der Hoffnung, mit uns ein Geschäft zu machen. Da der angebotene Kurs nur unwesentlich höher ist als der Bankkurs, schreiben wir ihm unsere Vorstellung mit einem Kugelschreiber in die Handflächen. Er schüttelt darauf den Kopf, deutet noch einmal auf seinen Taschenrechner und steckt ihn ein. Das war eindeutig, so läuft also der Hase. Auf jemenitischen Märkten wird im Gegensatz zu anderen arabischen Märkten kaum gefeilscht.

Da sich der Kurs auch beim nächsten und übernächsten Händler nicht ändert, wechseln wir. Dünne Dollarscheine werden mit einem dicken Bündel Rial vertauscht.

Begeistert von diesem Treiben verlassen wir die Altstadt. Wir sind uns einig – das ist Arabien, wie es bereits vor Jahrhunderten war. Hier scheint das Rad der Zeit stehengeblieben zu sein.

Leise surren unsere Stollenreifen über den Asphalt. Wie mit einem Lineal gezogen führt die Straße hinaus aus der Stadt, in Richtung Manakhah – Hudaydah. Während die Pedale langsam in einen gleichmäßigen, aber zügigen Rhythmus geraten, bin ich geistig wieder innerhalb der Stadtmauern...

Sehr wenig ist über die Geschichte des Landes bekannt, da die nordjemenitischen Behörden nur selten Grabungslizenzen an Ausländer vergeben und die bislang durchgeführten Arbeiten kein geschlossenes Geschichtsbild ergeben. Man vermutet jedoch, daß noch Zeugnisse alter Kulturen, mitunter ganze antike Stätten, unter Wüstensand und Geröllfeldern verborgen liegen. Die Geschichte für das Gebiet des ehemaligen Nordjemen beginnt im ersten Jahrtausend vor Christi Geburt, wobei die Blütezeit zwischen 500 v. Chr. und 500 n. Christi Geburt lag. Von den Römern und Griechen wurde das in der südwestlichen Ecke gelegene Südarabien als »Arabia felix«, das glückliche Arabien bezeichnet, weil die Bewohner dieser Zeit in märchenhaftem Reichtum gelebt haben müssen.

»Sie besitzen ausgezeichnete Möbel, genießen alle Wege eines luxuriösen Lebens, besitzen Gegenstände aus Gold und Silber und andere Werte und verzieren die Wände ihrer Häuser mit Elfenbein, Silber, Gold und Edelsteinen«, so lautet ein Bericht des antiken Literaten Strabo.

Beigetragen zu dem Reichtum haben unter anderem die ergiebigen Regenfälle, die sich an der Westseite der Hochgebirge abregneten und dank der fruchtbaren Böden eine intensive Terrassenlandwirtschaft ermöglichten, was den Nordjemen wiederum zum fruchtbarsten Land der Arabischen Halbinsel machte. Ein weiterer Vorteil, der dem Land zu dieser Sonderstellung verhalf, war die äußerst günstige geographische Lage, da die Jemeniten den Handel zwischen Indien und Europa als wichtige Zwischenhändler entscheidend beeinflußten. Außerdem war der Jemen – so wird heute angenommen – das Herkunftsland des Weihrauches, der damals in gewaltigen Mengen gehandelt wurde. Auf der danach benannten Weihrauchstraße wurde dieses begehrte Harz des Weihrauchbaumes mit riesigen Kamelkarawanen in rund siebzig Tagesmärschen über Mukalle bzw. Qana, Timna, Marib, Najran, Medina und Petra nach Gaza ans Mittelmeer transportiert, wo es dann seine Abnehmer fand.

Entlang dieser Route bildeten sich im Jemen bedeutende Städte sowie sechs Königreiche, von denen Saba das heute wohl bekannteste ist. Hauptstadt von Saba war zunächst Sirwah, in weiterer Folge dann Marib, das sich mit seinen Tempelanlagen zum religiösen und politischen Zentrum des sabäischen Reiches entwickelte. In der Nähe der damaligen Hauptstadt errichteten die Könige von Saba jene großartigen, für die damalige Zeit kaum vorstellbaren Staudamm- und Bewässerungsanlagen.

Als die Römer und Griechen schließlich einen Seeweg nach Asien durch das Rote Meer entdeckten, wurde der Warenhandel in weiterer Folge mit Hilfe von Schiffen abgewickelt. Die Weihrauchstraße verlor mehr und mehr an Bedeutung, und der Niedergang der Königreiche im östlichen Teil des Landes war eingeleitet. Nach jener fast märchenhaften Zeit folgte die Epoche der islamischen Imamate. Diesen Herrschern, den Imamen, die nach islamischer Lehre religiöses und staatliches

Oberhaupt in einer Person waren, diesen 824 regierenden Imamen gelang es, das Land systematisch tausend Jahre lang vor jeglicher Entwicklung abzuhalten und bewußt vor moderner Technologie abzublocken. So gab es bis zum Sturz des letzten Imams im Jahre 1962 im Gebiet des ehemaligen Nordjemen keinen jemenitischen Arzt, nur rund ein halbes Dutzend Autos, nur wenige Kilometer befestigte Straßen sowie keine funktionierende Kanalisation. Außerdem gab es keine öffentliche Schule und eine damit verbundene Analphabetenrate von rund 95%.

Aber diese »Unterentwicklung«, in Verbindung mit den antiken Kulturstätten und einer faszinierenden Landschaft, ist mit Sicherheit gerade das, was den Jemen für den ausländischen Besucher so faszinierend erscheinen läßt.

Nach mehr als tausend Jahren der Abgeschlossenheit begann für die Jemeniten erst sehr spät ein völlig neuer Abschnitt. Am 26. September 1962 wurde im Anschluß an einen Militärputsch die »Arabische Republik Jemen« ausgerufen. Der gestürzte Imam floh in den Norden und versuchte mit Hilfe Saudi-Arabiens sowie einiger Stämme, die Republik zu stürzen. Es entstand ein sieben Jahre dauernder Krieg, bei dem die Republikaner von rund 40.000 ägyptischen Soldaten unterstützt wurden. Im Jahre 1967 wurde in Aden die »Demokratische Volksrepublik Jemen«, der ehemalige Südjemen ausgerufen. Mit der Teilung des Staates und dem Ende des Bürgerkrieges im Nordjemen schlugen beide Staaten unterschiedliche Wege ein.

Leider kam der Nordjemen noch immer nicht zur Ruhe, es folgten etliche Unruhen und die Ermordung zweier Präsidenten innerhalb kürzester Zeit. Im Jahre 1978 wurde Ali Abdallah Saleh zum Staatspräsidenten gewählt, eine Funktion, die er bis heute bekleidet.

Obwohl sich in den letzen 20 bis 30 Jahren sehr viel geändert hat, zählt das Land auch heute noch zu den ärmsten Ländern der Arabischen Halbinsel und zu den ärmsten Ländern unserer Erde. Bei den Vereinten Nationen wird der Jemen sogar in der Gruppe der »least developed countries« – also jener Länder mit der geringsten Entwicklung geführt.

Dennoch wird man im Land Armutsattribute wie Hunger, Bettler, ärmlich gekleidete Menschen oder eine schlechte Versorgungslage vergeblich suchen, da die regelmäßigen

Geldüberweisungen der in den Golfstaaten arbeitenden Jemeniten dem Land einen gewissen Wohlstand verschafft haben.

Das Ansteigen der Straße und der mittlerweile in Bächen herabrinnende Schweiß bringt mich wieder zurück auf den Boden der Realität. Und die sieht im Moment nicht sehr rosig aus.

Aufbruch ins Haraz-Gebirge

In etlichen steilen Kehren windet sich das löchrige Band des Asphaltes den Berg empor. Der Schweiß rinnt uns langsam schon bei den Hosenröhren hinaus. Aber zu wundern brauchen wir uns darüber nicht, welcher vernünftige Mensch trägt schon bei so einer Hitze eine lange Hose, noch dazu beim Radfahren.

In einem tiefreligiösen Land wie dem Jemen, in dem die Frauen in manchen Gegenden die Häuser nur vollverschleiert verlassen dürfen, ist es auch bei Männern nicht üblich, Ober- und Unterschenkel unbedeckt zu zeigen. Kurze Hosen werden meistens als Unterhosen angesehen und sind nicht selten Grund zu bodenloser Erheiterung. »Wenigstens eine spezielle Klausel für Radfahrer hätten sie damals bei der Bildung des Korans miteinbauen können«, stöhnt Stefan.

So sind wir gezwungen, selbst eine Klausel zu erfinden und wechseln unsere am Körper klebende lange Hose mit einer extra für islamische Verhältnisse gekauften Radhose. Wir einigen uns, diese jeweils vor Einfahrt in ein Dorf zu wechseln, um niemanden damit unnötig zu provozieren.

Ein direkt am Straßenrand liegender, fernöstlich anmutender Pavillon erinnert an den Bau der mit chinesischer Hilfe errichteten Fernstraße nach Hudaydah. Viele der Einrichtungen wurden mit ausländischer Hilfe errichtet, da dem Land die jeweiligen Mittel und Fachkräfte fehlten.

Je weiter wir uns von der Stadt entfernen, umso weniger werden die links und rechts der Straße flankierenden Müllhäufchen. Ein erster kleiner Paß in 2500 m Höhe ermöglicht uns nicht nur eine kurze Verschnaufpause, sondern vor allem einen ersten Einblick auf die unter uns liegende Hochfläche mit den dahinter aufragenden Bergen. Langsam weichen die kahlen Schluchten und schottrigen Berge immer grüner werdenden, weiten Tälern. Die folgende, rasante Abfahrt hinunter in die vor uns liegende Ebene läßt uns schnell die Anstrengung der letzten Stunde vergessen. So läßt es sich schon recht angenehm radeln. Leider wird unser kleines Hochgeschwindigkeitsrennen durch eine schon von weitem sichtbare Polizeikontrollstation wesentlich entschärft. Das heißt, sie sollte unser Rennen entschärfen. »Mal sehen, ob das auch für Radfahrer gilt«, ruft Stefan und braust mit unverminderter Geschwindigkeit auf die grün uniformierten Männchen zu. Wenn das nur gut geht, wirbelt es in meinem Gehirn herum. »Bremse«, schreie ich meinem Freund im letzten Moment nach. Schließlich weiß man in außereuropäischen Ländern nie, ob solche Aktionen unbedingt als Spaß aufgefaßt werden. Außerdem läßt es sich mit einigen Gramm Blei im verlängerten Rücken etwas unangenehmer radeln. Im letzten Moment scheint meinem Freund die ganze Aktion dann doch zu heiß zu sein, und Stefan bremst sein Rad voll herab.

Wenige Zentimeter vor dem Uniformierten kommt das Vehikel zum Stillstand. Ohne die geringste Miene zu verziehen, verlangt der Beamte unsere Reiseerlaubnis, sieht sich das Papier kurz an und läßt uns nach Behalt der Kopie weiterfahren. Zum Glück haben wir uns genügend Kopien des Originales anfertigen lassen, denn an manchen Tagen sollten wir noch fünf bis sechs solcher Kontrollen miterleben.

Nach Überquerung der Ebene windet sich die Straße erneut in steilen Kehren auf ein Plateau hinauf. Da die Strecke die Hauptverbindung zwischen der Küste und der Hauptstadt darstellt, herrscht teilweise ein sehr starkes Verkehrsaufkommen.

Von jedem der Fahrzeuge, die uns passieren, werden wir angehupt. Von den Entgegenkommenden, um uns freundlich winkend zu grüßen, von den uns Überholenden, um vorerst auf sich aufmerksam zu machen und schließlich im Vorbeifahren ebenfalls zu grüßen. So haben wir, meist eingehüllt in eine dichte Rauchwolke – das Problem von diversen Abgasbestimmungen kennt man im Jemen noch nicht – im wahrsten Sinn des Wortes alle Hände voll zu tun. Teilweise hegen wir schon arge Bedenken, daß wir bei Fortbestand des Verkehrs am kommenden Tag unsere Arme nicht mehr hochheben können.

Wie ein riesiges, geöffnetes Buch liegt am Ende des Aufschwunges ein Plateau vor uns. Soweit das Auge reicht, reiht sich ein Feld an das andere, auf denen Frauen ihre harte Arbeit verrichten. Im Gegensatz zu den Städten sind Frauen im ländlichen Bereich kaum verschleiert, vermutlich wohl deshalb, weil ein Schleier bei der Feldarbeit stören würde. Da sehr viele jemenitische Männer wegen besserer Verdienstmöglichkeiten einer Arbeit in den arabischen Öllándern nachgehen, lastet neben der Hausarbeit in immer stärkerem Maße auch die Feldarbeit auf den Schultern der Frauen.

Des öfteren passiert es, daß wir von einigen fleißigen Arbeiterinnen, die in der Nähe der Straße arbeiten, durch Zufall entdeckt werden. Sofort wird die soeben getätigte Arbeit vergessen, und wild mit den Armen herumwirbelnd, dringen einige zischende, arabische Brocken an unser Ohr. Im nächsten Augenblick wenden sich die Frauen dann blitzschnell mit ihrem Gesicht von uns ab, manche laufen sogar ein paar Meter in die entgegengesetzte Richtung.

Wir können uns das Verhalten nur so erklären, daß nicht unser Anblick, so erschreckend schauen wir ja wirklich nicht aus, sondern der Anblick unserer teilweise unbedeckten Oberschenkel eine gewisse Empörung bei ihnen hervorruft.

Gespräche, die wir später mit männlichen Jemeniten über dieses Thema führten, bestätigten uns die Vermutung und ergaben eindeutig, daß wir uns deswegen keine grauen Haare wachsen lassen sollten. Wir galten als Touristen, die trotz der Hitze das Land mit dem Fahrrad erkundeten, und da akzeptierte der normal denkende Jemenite auch die kurzen Hosen. Betreffend die Gesten der Frauen wurde meist nur eine abfällige Handbewegung gemacht.

Wie in den meisten islamischen Ländern ist auch im Jemen die Stellung der Frau noch sehr stark den im Koran festgesetzten Einschränkungen unterworfen. Die Hauptaufgabe des weiblichen Geschlechtes besteht im Gebären von möglichst vielen Kindern, deren Erziehung sowie einer guten Führung des Haushaltes. Daher kommt es, daß man Frauen auf Märkten und in öffentlichen Verkehrsmitteln sehr selten und in Restaurants überhaupt nicht zu Gesicht bekommt.

Wir haben auf unser Reise selbst erlebt, daß Jemeniten zum Essen in ein Restaurant kamen und die Frau in der Zwischenzeit im parkenden Auto wartete. Unverheiratete Mädchen gelten bis zu ihrer Verehelichung mehr oder weniger als finanzielles Laster, da sie kaum berufstätig sind und somit nichts zum Einkommen der Familie beitragen.

Die einzige Möglichkeit geselligen Beisammenseins und dem damit verbundenen Austausch von Neuigkeiten bietet sich den Frauen ab dem Mittagessen bei einem gegenseiti-

Im gebirgigen Teil des Jemen wurden die Dörfer an den Berghängen oder auf natürlichen Kuppen errichtet, um gegen mögliche Angreifer geschützt zu sein.

gen Besuch in der unmittelbaren Nachbarschaft. Bei Anbruch der Dunkelheit erfordert es die Sitte, daß die Frau wieder zu Hause ist.

Mit dem sich langsam zu Ende neigenden Tag verlassen wir die kilometerlange, fast endlos erscheinende Ebene. Die letzten flachen Strahlen der untergehenden Sonne tauchen die Landschaft in angenehm weiche, zarte Farben. Seit geraumer Zeit begleiten uns ein Stück abseits der Straße winzige Dörfer, deren Häuser hier in den Regionen des Bergjemen großteils aus Stein gebaut sind. Wie kleine Zündholzschachteln wirken die Häuser aus der Entfernung, die an den Berghängen und auf natürlichen Kuppen errichtet wurden, um so besser gegen mögliche Angreifer geschützt zu sein.

Beide sind wir von der Harmonie der Landschaft begeistert. Immer wieder halten wir an, schauen und genießen das uns Gebotene, so daß das Hauptproblem des ersten

Tages eigentlich im Vorwärtskommen besteht. Doch solange sich nur solche Probleme ergeben, können wir getrost zufrieden sein.

Mit Matnah erreichen wir den seit der Hauptstadt ersten, direkt an der Hauptstraße liegenden Ort. Kein Ort, eher ein Kaff am Ende der Welt. So macht es zumindest den Anschein. Jung und Alt, Männer jeden Alters lungern, meist seitlich auf einen Arm gestützt, vor Häusern und Geschäften auf dem Boden herum. Müde von der Arbeit, der Hitze und dem Katkonsum der letzten Stunden. Es ist für sie ein Tag wie jeder andere, ein Tag ohne besondere Ereignisse.

Doch plötzlich, als wir mit unseren Drahteseln daherstrampeln, kommt Leben in das kleine Nest.

Zuerst werden wir von einigen auf einem Schotterplatz spielenden Kindern entdeckt. Ein schriller Schrei an die übrige Dorfjugend läßt sogar die ältesten Jemeniten aus ihren Träumen erwachen. Von einer Sekunde zur anderen kommen Dutzende von Kindern in einem Höllentempo aus allen Ecken und Enden gerannt.

»Nichts wie weg hier«, rufe ich Stefan zu, während wir uns bereits ordentlich in die Pedale legen. Unser Vorhaben, den kleinen, flinken Kerlchen so mir nichts dir nichts davonzuradeln, erweist sich als gar nicht so einfach und erfordert den Einsatz sämtlicher noch zur Verfügung stehender Kräfte. Schließlich aber werden die hastigen Schritte hinter uns immer weniger, bis sie schließlich ganz aufhören.

Müde von unserem ersten langen Tag sind wir froh, diesem Wirbel entkommen zu sein.

Erste Begegnungen

»Langsam wird es Zeit, daß wir uns nach einem geeigneten Zeltplatz umsehen«, meint Stefan. Ja richtig, fast hätten wir in der Hitze des Gefechtes die Zeit übersehen.

Ein gutes Stück hinter dem Dorf biegen wir nach links ab. Über einen schlechten, mit groben Steinen übersäten Weg nähern wir uns nach einigem Auf und Ab dem Rande eines Abbruches. Völlig unerwartet bietet sich uns direkt von der Kante ein Ausblick, den wir ohne zu zögern als Höhepunkt des heutigen Tages bezeichnen können.

Tief unter uns liegende Täler mit kleinen, verschachtelten Dörfern, die inmitten von saftig grünen, herrlich angelegten Terrassenkulturen liegen. Ein grandioses Bild. Von oben, aus unserer Vogelperspektive, haben wir das Gefühl, nicht in eine natürliche Landschaft zu schauen, eher vermutet man, ein gemaltes, fast kitschig wirkendes Bild vor sich zu haben. Wir sitzen da, staunen, und innerlich freue ich mich über den gefaßten Entschluß, den Jemen zu bereisen.

Gleich neben unserem Aussichtspunkt befindet sich die einzige ebene, noch nicht bebaute Terrasse. Einen schöneren Zeltplatz hätten wir für unseren ersten Abend wohl kaum finden können. Zu unserem Leidwesen kreuzt eine riesige Ameisenstraße, ich würde fast schon sagen ein amerikanischer Highway, unseren begrenzten Zeltplatz. Einige Bodenunebenheiten werden ausgebessert, dann stellen wir haarscharf an der Grenze der Straße unser Zelt auf. »Wir dürfen ja keinen Krümel fallen lassen, sonst haben wir die fleißigen Tierchen alle in unserem Zelt.« Mit äußerster Vorsicht würgen wir eine Dose Fisch und ein trockenes Brot hinunter. Plötzlich kommt uns die rettende Idee. Mit Hilfe einiger Stückchen Thunfisch werden wir eine Umleitung bauen. Heute ist zwar nicht Freitag, Fischtag, aber wir hoffen trotzdem, daß sich die Tierchen unseres ausgelegten Fisches annehmen werden. Bereits nach kurzer Zeit marschieren die ersten Ameisen entlang unserer »Umleitung«, um die Fischstücke langsam einzusammeln. Bald ist die neue Route akzeptiert, nur noch einige sogenannte »Geisterkrabbler« laufen ab und zu gegen die Einbahn.

Unsere erste »menschliche« Begegnung im Jemen. In nachhaltiger Erinnerung bleibt dem Reisenden vor allem die Gastfreundschaft der Jemeniten, eine Sitte, die zu den wesentlichen Bestandteilen des arabischen Lebens gehört.

Befriedigt über die groß angelegte Baustelle, dringt plötzlich das Tuckern eines näherkommenden Motors an unsere Ohren. Es dauert auch nicht lange, und wir entdecken einen Einheimischen, der auf einem uralten Moped auf uns zusteuert. Einige Meter vor uns hält der Jemenite an und stellt sein Fahrzeug auf den wackeligen Ständer. Sein finsterer Blick in dem von der Sonne gegerbten, faltigen Gesicht läßt uns für einige Momente nichts Gutes ahnen. Vielleicht hätten wir hier auf der Terrasse unser Zelt nicht aufstellen dürfen, diese und einige andere Gedanken schießen uns binnen Sekunden durch unsere Köpfe. Ein Handschlag und ein freundliches »Salam alaikum« entschärfen die ersten, angespannten Momente. Erleichtert erwidern wir seinen Gruß und bieten ihm einen Platz an. Unsere Einladung zum Tee wird gerne angenommen, beim ersten Schluck verdreht der Jemenite aber bereits seine Augen. Ah, wir wissen schon. Der Grund dafür ist der für arabische Verhältnisse viel zu wenig gesüßte Tee. Ein paar Kügelchen unseres künstlichen Süßstoffes bedeuten für unseren Gast ein kleines Wundermittel, das ihm nicht nur den Tee, sondern sichtlich auch sein Leben wieder versüßt.

Nach eingehender Begutachtung unseres eigenartigen, elastischen »Hauses« beginnt der Mann ein angeregtes Gespräch. »Allmania«? Nein, aus Deutschland kommen wir nicht. »Nemsa«, erwidern wir, worauf der Jemenite kräftig mit dem Kopf nickt. Das Woher, Wohin, ob man verheiratet ist und wieviel Kinder zu Hause warten sind so die typischen Themen, mit denen eine Unterhaltung beginnt. Wir versuchen zu erklären, daß wir kaum seine Sprache beherrschen, doch der Jemenite redet ohne Unterbrechung auf uns ein. Sein in die Handflächen gelegter Kopf verrät uns, daß er jetzt das Thema Schlafplatz angeschnitten hat. Mit Händen und Füßen und einigen arabischen Brocken fragen wir, ob wir die Nacht hier verbringen können. Wieder prasseln endlos viele arabische Wörter auf uns herab, wobei er, in das Tal hinunterzeigend, immer wieder von Essen und seinem Haus spricht.

Aha, langsam fange ich an, zu kapieren. Außerhalb von Städten wird der Fremde meist als persönlicher Gast gesehen, so auch in unserem Fall. Der Mann möchte uns zum Essen und Schlafen in sein Haus einladen. Da die Menschen in den Bergregionen selber nicht sehr viel besitzen und wir noch dazu sehr müde sind, lehnen wir seine Einladung dankend ab, das heißt, wir verneinen dreimal, so, wie es in islamischen Ländern üblich ist. Blitzschnell erhebt sich darauf unser Gast, dreht sich ohne zu grüßen um und verschwindet auf seinem Moped. Stefan und ich rätseln, ob wir ihn durch unser Verhalten beleidigt haben. Erst wesentlich später sollten wir erfahren, daß es als eine Unhöflichkeit gilt, Einladungen abzuschlagen. Problematisch ist das vor allem für Reisende, die von Ort zu Ort fahren und nur über wenig Zeit verfügen. In unserem Fall war die Zeit nicht das Problem, davon konnten wir genügend bieten.

Während wir noch immer über die erste menschliche Begegnung rätseln, vernehmen wir abermals das vertraute Tuckern des Mopeds. Es dauert nicht lange, dann durchbricht ein schwacher, gelblicher Scheinwerfer die Dämmerung. Wie aus dem Nichts steht derselbe Jemenite vor uns und drückt uns einen vollen Sack mit Keksen, Säften und Süßigkeiten in die Hand.

Stefan und ich sind so fassungslos, daß wir kaum ein »Shukran«, ein Dankeschön über die Lippen bringen, da verschwindet unser Spender bereits in der Dunkelheit.

Ja, die kargen Bedingungen des Lebens machen es erforderlich, daß man sich gegenseitig einlädt. Daher zählt die Gastfreundschaft auch heute noch zu den wesentlichen Elementen des arabischen Lebens.

Noch lange wird uns die erste Begegnung mit einem Jemeniten in Erinnerung bleiben.

Bergauf – bergab

Froh um die ersten, wärmenden Sonnenstrahlen schäle ich mich, durchgefroren von der vergangenen Nacht, aus den spärlichen Federn meines Schlaf-, besser vielleicht noch Mullsackes. Obwohl in Höhenlagen bis ungefähr 2000 m am Tag das ganze Jahr über angenehmes, mildes Klima herrscht, kühlt es in der Nacht stark ab, und nicht selten sinkt das Thermometer, speziell in den Wintermonaten, auf Null Grad.

Unweit unseres Zeltplatzes hat eine Familie – angefangen vom Großvater bis zu den Kindern – begonnen, das Getreide zu ernten. In einer Reihe hockend werden die sehr niedrig gewachsenen Halme mit blitzschnellen Fingerbewegungen zu einem Bündel zusammengeklaubt und mit einem sichelähnlichen Gerät abgeschnitten. Das abgeschnittene Bündel wird anschließend mit ein bis zwei Getreidehalmen umwikkelt und abgelegt.

Der Terrassenanbau ist eine sehr arbeitsintensive Form der Landwirtschaft und, wenn ich das Größenverhältnis Mensch – Feld vergleiche, auch eine sehr zeitaufwendige Form – möchte man glauben. Als ich beim Aufpacken unserer Räder wieder einen Blick auf die arbeitende Familie werfe, werde ich eines Besseren belehrt. In einer knappen Stunde wurde ein deutlich sichtbarer Fleck des Feldes im wahrsten Sinne des Wortes »abgegrast«, alles mit den eigenen Händen.

Der zweite Tag beginnt gleich am Morgen mit einer lustigen Begebenheit. Da wir zum Kochen einen Benzinkocher in Verwendung haben, müssen wir die dafür vorgesehene Flasche auffüllen lassen. Bei einer kleinen, halb verfallenen Tankstelle halten wir an, um zu »tanken«. Stefan überreicht einem kleinen Jungen, der hier anscheinend den Laden schmeißt, unsere 1-Liter-Flasche. Während er langsam, um ja keinen Tropfen zu verschütten, die Flasche füllt, beobachte ich ihn, wie er immer wieder, so als ob er etwas Bestimmtes suchen würde, unsere Räder genauestens absucht. »Der wird wohl nicht den Motor suchen«, sage ich scherzhalber zu Stefan. Und tatsächlich, als wir zahlen, fragt er uns sehr zögernd mit einer fragenden Handbewegung nach dem Motor. Noch nie hat er vermutlich ein Fahrrad mit so dicken

Rohren gesehen und daher sofort – noch dazu, wo wir »getankt« haben – auf irgendein Moped getippt. Wir klären ihn auf, und da muß auch er über diesen Irrtum herzlich lachen. Uns sollte aber bald das Lachen vergehen, denn der erste hohe Paß im gebirgigen Teil des Landes wartet auf uns. Da nützt keine ideal angelegte Straße, keine zeitige Stunde am Morgen, innerhalb kürzester Zeit radeln wir bereits in Schweiß gebadet. Gott sei Dank gibt es diese Art von Morgensport nicht jeden Tag.

Das breite, jemenitische Bergland, das sich von Norden nach Süden erstreckt, liegt eingebettet in die Küstenebene im Westen und die Wüstengebiete im Osten. Wir beide rackern uns gerade an seiner Ostseite ab, in jenem Teil, der in mehrere, rund 2000 m hoch gelegene Becken unterteilt ist.

Am späten Vormittag haben wir es geschafft. Unser erster, rund 2900 m hoher Paß liegt hinter uns. Von oben genießen wir eine fantastische Aussicht, die uns für die Schufterei voll und ganz entschädigt. Weit reicht der Blick hinein in die schroffe Gebirgswelt, die uns in ihrer Art ein bißchen an die heimatlichen Berge erinnert.

Spricht man mit Leuten über den im südwestlichen Eck der Arabischen Halbinsel gelegenen Jemen, so wird das Land immer mit endlosen, ebenen Wüsten und Erdöl in Verbindung gebracht, ein Umstand, der auf das im Norden gelegene, wesentlich bekanntere Saudi-Arabien zurückzuführen ist. Im Jemen trifft das nur bedingt zu, denn erst weit im Osten grenzen an das jemenitische Bergland die Ausläufer der Rub al Khali, der großen Arabischen Wüste.

Niemand kommt auf die Idee, daß sich gerade hier, am Ausgang des Roten Meeres in den Arabischen Golf, 3000 m hohe Berge befinden, von denen der sich unweit unseres Passes erhebende 3660 m hohe Jebel Nabi Schuayb die höchste Erhebung der Arabischen Halbinsel ist.

Wo es hinaufgeht, geht es irgendwann einmal auf der anderen Seite hinunter, so ist es zumindest bei uns. So ist es auch im Jemen. Einen großen Gang eingelegt – und schon brausen wir mit einem Höllentempo zu Tal. Wie des öfteren zu Hause arten Abfahrten immer wieder in kleine Privatrennen aus. Reifen an Reifen, um seinen Freund dann blitzschnell aus dem Windschatten heraus überholen zu können.

Das immer lauter werdende Surren der groben Stollenreifen

zeigt von der hohen Geschwindigkeit und mahnt gleichzeitig zur Vorsicht. Ein Sturz auf dem zum Teil sehr löchrigen, unebenen Asphalt würde an manchen Stellen neben erheblichen Abschürfungen sicher einen tödlichen Absturz zur Folge haben. Am besten gar nicht lange darüber nachdenken. Außerdem – da kommt schon wieder Stefan und will, surrend wie eine Hummel, an mir vorbeifahren. Ein paar kräftige Treter, dann ist die Sache wieder in Ordnung gebracht. Wenn ich jetzt, während ich diese Zeilen schreibe, darüber nachdenke, muß ich sagen, daß wir bei einigen solcher Aktionen sicher das bekannte Schwein, einen Glücksengel oder vielleicht sogar Allah über unseren Köpfen gehabt haben. Aber Glück ist eben das, was der Mensch im Leben braucht.

Mittlerweile schraubt sich die Straße durch fast senkrechtes, felsiges Gelände hinab. Einige hoch beladene Lkw's, die vermutlich nach Hudaydah, der größten Hafenstadt am Weg sind, kriechen in kaum wahrnehmbaren Tempo die Straße hinunter. Auch wir haben uns ein bißchen eingebremst, da der Asphalt vermutlich wegen des Winterfrostes und der dicken Brummis teilweise arg in Mitleidenschaft geraten ist.

Um unsere von der Schüttelei und Bremserei müde gewordenen Hände und Finger ausrasten zu lassen, legen wir des öfteren kleine Pausen ein, Pausen, in denen wir immer wieder neue Einblicke und Eindrücke gewinnen.

Einmal sind es verwegen auf Felsen thronende Dörfer, ein anderes Mal ist es ein überdimensional aufgeladenes, in jeder Kurve zu kippen drohendes Fahrzeug. Wieder ein anderes Mal sind es zerrissene Grate und tiefe Schluchten, eine Landschaft, die man zu Hause in derartiger Wildheit kaum findet oder die wir als Gebirgsbewohner vielleicht gar nicht so beachten.

Von knapp 2900 m Seehöhe fahren wir hinab in ein Tal von 1400 m. Mit jeder Kehre nach unten nimmt die Hitze spürbar zu. Die Kombination von Fahrtwind und Hitze vermittelt den Eindruck, durch einen eingeschaltenen Föhn zu fahren. Sicher werden einige Leser jetzt denken, jetzt hat es ihn endgültig erwischt, jetzt hat er wohl einen Sonnenstich bekommen. Keine Spur. Nur ist mir bis zu diesem Augenblick noch nie ein Temperaturunterschied von angenehmer Wärme zu unangenehmer Hitze krasser begegnet als in diesem Talkessel.

Ein kleiner Ort am Ende der langen Abfahrt kommt uns

Der Gipfel an tollkühner Architektur. Wie ein Adlerhorst klebt dieses Nest hoch oben auf einem Felsen inmitten des Haraz-Gebirges.

gerade gelegen. Bevor wir an die Weiterfahrt denken, wird erst einmal unser Flüssigkeitshaushalt auf Vordermann gebracht. Winzige Geschäfte, die man als solche kaum erkennt und die oft nur ein paar Cola und einige Bisquits zum Verkauf anbieten, gibt es an den Hauptrouten zur Genüge, so daß herumschwirrende Gedanken bezüglich riesiger, mitzunehmender Survivalpakete schnell in den Wind geblasen werden können. Der Besitzer eines solchen Ladens, ein kleiner, gewitzt dreinschauender Jemenite, staunt jedenfalls nicht schlecht, als Stefan und ich nach der vorangegangenen Hitzeschlacht mit sechs Flaschen Cola bewaffnet seinen Laden verlassen. Komplett von den Socken ist er aber, als wir die selbe Menge Flaschen bereits nach wenigen Minuten wieder retourbringen – in leerem Zustand. Erfrischt und aufgetankt setzen wir die Fahrt gegen Mittag fort.

Erneut wartet ein hartes Stück Weg auf uns, denn wir möchten heute noch das im Herzen des Haraz-Gebirges gelegene Dorf Manakhah erreichen. Das bedeutet, von 1400 m wieder hinauf auf 2250 m Höhe. Mit dem Auto kein Problem, aber mit den Rädern... Im Anschluß an ein ebenes Stück beginnt die Straße anzusteigen, langsam, aber konstant. Gott sei Dank meint es die Wetterstation in Allahs Reich gut mit uns und läßt die Sonne hinter ein paar Wolken verschwinden.

Jüngere Einheimische, denen wir oft weit von den Dörfern entfernt begegnen, winken uns freundlich entgegen, ältere Leute, denen es vermutlich kurzzeitig die Sprache verschlagen hat, starren uns nur lächelnd an. Für diese Menschen abseits der großen Städte ist es etwas Neues, noch nie Dagewesenes, daß sich zwei Ausländer auf Fahrrädern durchs Land bewegen.

Mittlerweile haben sich unsere Waden wieder an das anstrengende Treten gewöhnt. Steiniges, mit Sträuchern vermischtes Gelände und die feuchte, schwüle Temperatur lassen den Abschnitt noch anstrengender erscheinen als er ohnehin bereits ist. In einer Ausweiche lungern einige verwegen aussehende Gesellen im Schatten ihrer klapprigen Lkw's herum. Sie gönnen sich, so wie fast alle männlichen Jemeniten, am Nachmittag ein paar ruhige Stündchen, um gemütlich ihre Katblätter zu kauen. Anscheinend sind momentan nur wir zwei Idioten auf dem Weg.

Auf ein neues zeigt uns die Straße ihre Zähne. Wie in den Dolomiten windet sie sich hinauf auf einen Grat. Über ein herausgesprengtes Stück im Gratverlauf gelangen wir binnen weniger Augenblicke in ein anderes Tal. War die Landschaft soeben noch uninteressant, langweilig, so ist sie mit einem Schlag wieder aufregend geworden. Sogar steiler und tiefer erscheinen mir von unserem ausgesetzten Platz aus die Schluchten, vielleicht auch nur wegen der letzten eintönigen Stunden.

Endlos schlängelt sich die Route hoch oben an den Berghängen entlang. Dutzende kleiner Gräben und Schluchten müssen ausgefahren werden, jede einzeln, Meter für Meter, Kilometer für Kilometer. Bei uns in Europa würde man mit solchen Streckenabschnitten kurzen Prozeß machen und sie einfach mittels Brücken begradigen. Hier im Jemen, gerade in diesem schwierigen Bergland, ist man froh, überhaupt eine Straße zu haben. Urplötzlich meldet sich Stefans Gepäckträger mit einigen Tücken. Zum Glück sind es nur die Schrauben, die sich durch die andauernde Schüttelei gelockert haben, so daß wir nach einem kurzen Stopp bereits unsere Fahrt fortsetzen können. Spät am Nachmittag erreichen wir Al Maghrabah, ein kleines Kaff an der Kreuzung nach Manakhah. Endlich. Für heute haben wir es geschafft, so denken wir.

Nach dem Checkpoint werden wir aber eines Besseren belehrt. Steil führt die Straße aus dem Ort. Das gibt es doch gar nicht, auf der Karte war von einem weiteren Anstieg nichts zu erkennen. Einige Kehren geht es so hinauf, die Wadenmuskeln sind bereits müde, haben ebenso wie wir genug für heute. Da fällt mir das Lied »Schmidtchen Schleicher mit den elastischen Beinen« ein, na ja, wundern brauchen wir uns darüber nicht, denn langsam fühlen wir uns auch so.

Auf einmal legt sich die Straße zurück, die ersten Häuser tauchen vor uns auf. Jetzt haben wir es wirklich geschafft, Manakhah liegt vor uns.

Unsere erste Panne. Zum Glück haben sich am Gepäckträger nur einige Schrauben gelockert, so daß wir nach kurzer Unterbrechung die Fahrt fortsetzen können.

Hadschara – das Dorf mit den höchsten Häusern im Jemen

Die Teerstraße endet am Fußballplatz, dem gleichzeitigen Beginn des Dorfes. Staubfahnen wirbeln auf, unzählige Jugendliche und Kinder rennen aufgeregt einem Plastikball hinterher. Gekleidet sind sie in die Futah, ihre typisch rockähnliche Kleidung, dazu tragen sie längere, oft grellfarbige Socken und ausgefranste Fußballschuhe, natürlich richtige, mit Noppen. Ein köstliches Bild.

In ihrem Spieleifer hat uns noch keiner der Anwesenden erspäht. Aber es wird sich kaum machen lassen, daß wir unentdeckt an ihnen vorbeikommen. Und da ist es auch schon passiert.

Ein kleines Kerlchen, das dem Spiel als Zuschauer beigewohnt hat, stößt plötzlich einen dieser schrillen Schreie aus. In der selben Sekunde schwenken sämtliche Augenpaare der Kicker in unsere Richtung. Der Ball, eben noch der Magnet schlechthin, rollt achtlos weiter. Was bedeutet in diesem Augenblick auch der Ball, jetzt gibt es etwas Neues, noch nie Dagewesenes zu »besichtigen«. Binnen kürzester Zeit sind wir von einer Schar Kinder umringt. Wie ein Lauffeuer verbreitet sich die Nachricht im Dorf, denn im Nu werden es mehr und mehr Leute. Mit diesem lachenden und johlenden Knäuel von Menschen legen wir die letzten Meter zurück.

Bei einem der sogenannten »Restaurants« steigen wir von den Rädern. Einige Jemeniten gesetzteren Alters, die das ganze beobachtet haben, versuchen, die Kinder zu verscheuchen. Doch es bleibt vorerst beim Versuch. Zu groß ist der Übermut in solchen Augenblicken, zu klein der Respekt vor der älteren Generation.

Wir sind bald nicht mehr so interessant, die Attraktion sind unsere Räder. Überall wird herumgefummelt und herumgedreht, vor allem die Glocke entwickelt sich immer mehr zum bevorzugten Spielzeug. Uns ist das im Moment völlig egal, Hauptsache ist, daß wir nicht mehr radfahren müssen.

Eine Runde älterer Herren bietet uns einen Platz an ihrem Tisch an. Bei Shai (Tee) und Orangensaft können wir endlich unsere müden Knochen ausstrecken. Nach kürzester Zeit sind wir in eine angeregte Unterhaltung verwickelt und müssen die üblichen Fragen nach dem Wie und Woher beantworten. Als die Männer von unserer Reise erfahren, sind sie trotz ihres Alters begeistert. Erst der Ruf des Muezzins ermahnt uns, die verbleibenden hellen Stunden zu nützen und nach einem geeigneten Schlafplatz zu suchen. Vorher müssen wir aber noch Brot einkaufen, schließlich haben wir uns heute nach dieser Monsteretappe eine vernünftige Mahlzeit verdient. Mit einer ordentlichen Menge Chubs, jenem flachen Fladenbrot, das meist als Löffelersatz dient, verlassen wir den kleinen Laden. Im Handumdrehen sind wir wieder von einer stattlichen Anzahl von Kindern umgeben, die gespannt jede unserer Bewegungen verfolgen. In Windeseile schnallen wir die Fladen mittels einiger Expander auf die Gepäcksträger. »Auf gehts«, sage ich zu Stefan, während wir uns wie zwei Cowboys auf unsere Drahtesel schwingen. Hinter dem Dorf haben wir bereits bei der Anfahrt einige Terrassenfelder entdeckt, auf denen wir mit Sicherheit einen Zeltplatz finden würden. Ein paar schnelle Treter – die Kinder laufen immer noch lustig neben uns her. Entweder die Kinder rennen hier schneller oder wir sind bereits so lahm in den Muskeln. Na ja, außerdem können wir gar nicht so schnell radeln, da wir auf der holprigen Piste immer wieder den riesigen, regenwassergefüllten Schlaglöchern ausweichen müssen. »Denen werde ich es einmal zeigen«, schreit Stefan und tritt voll an. Sein Rennen sollte nur von kurzer Dauer sein, dann ist es passiert. Ich sehe gerade noch einen Expander reißen, und im Zeitlupentempo kollern sämtliche aufgeladenen Fladen in die nächste Pfütze. Ist das ein Hallo unter den Kindern. Wir können es ihnen nicht verübeln, auch wir beide müssen über diese filmreife Einlage herzlich lachen. Mit reduziertem Brotvorrat – ein Teil ist in den Fluten des kleinen Gewässers versunken – setzen wir die Fahrt fort. Unser ausgewählter »Campingplatz« erweist sich als totaler Volltreffer. Unbebaut, dazu noch bretteleben. Herz, was willst du mehr. Nach einem dreigängigen Sparmenü jemenitischer Art wechseln wir bald in die horizontale Lage über.

Wieder einmal begrüßt uns der neue Tag – wie könnte es anders sein – mit stahlblauem Himmel. Herrlich ist nicht nur das Wetter, sondern auch die Aussicht von unserem Platz auf das vor uns an einem Berghang gelegene Manakhah. War das

Dorf früher ein sehr wichtiger Platz auf der alten Handelsstraße zwischen dem Roten Meer und der Hauptstadt, so hat es sich heute zu einem bedeutenden touristischen Anziehungspunkt entwickelt.

Da die Umgebung besonders einladend zum Wandern aussieht, erklären wir den Tag kurzerhand zum Rasttag.

In einem einfachen, kleinen Restaurant, in dem wir uns zuerst einmal »aufputschen«, treffen wir auf die ersten Touristen, zwei Stück an der Zahl. Eingeklemmt zwischen eng zusammengerückten Tischen erwarten wir mit großem Interesse unser erstes jemenitisches Gericht. Es dauert auch nicht lange, da steht das Essen in einem kleinen, dampfenden Tontopf auf dem Tisch. Bevor man nun beginnt, ist es aus hygienischen Gründen üblich, in einem dafür vorgesehenen Wassertank oder einem Waschbecken seine Hände zu reinigen. Flüssige Nahrung, wie Suppen, wird direkt aus einer Tonschale getrunken. Für den Transport fester Nahrung wird das zu jedem Essen dazugehörende Fladenbrot verwendet, welches ausschließlich mit der rechten, sprich »reinen« Hand zum Mund geführt wird. Ein Stückchen Brot wird dabei entweder zum Aufsaugen der Saucen oder als Klammer für Fleischstückchen verwendet, aus hygienischen Gründen wiederum nur einmal.

Bei unserem Mahl handelt es sich um einen sogenannten »Foul«, ein typisches Nationalgericht. Es klingt zwar so ähnlich wie faul, ist aber, nach genauer Begutachtung, ein sehr schmackhafter Bohneneintopf mit Tomaten, Zwiebeln und scharfen Gewürzen, die bei zu üppigem Genuß gleich zweimal brennen, einmal beim Einnehmen, das andere Mal beim Verlassen des Darmtraktes. Während eines kurzen Gespräches entpuppen sich unsere zwei einsamen Touristen als Männer vom Stamm der Germanen. Beim Anblick ihrer hochroten, fast kirschfarbigen Köpfe können wir es uns nicht verkneifen, sie darauf anzusprechen. Sie erzählen uns, daß sie soeben aus der Tihama, der Küstenebene des Roten Meeres zurückgekommen sind. »Unmöglich, dort als Mitteleuropäer überhaupt zu existieren, fahrt bloß nicht in diese Gegend.«

Stefan spitzt die Ohren, und mir bleibt fast das Stück Fladenbrot im Hals stecken. Einen Teil unserer Reise hatten wir eigentlich schon für die Tihama eingeplant. »Wir sind mit Sammeltaxis und Lkw's an die Küste gefahren, konnten aber

Das Bergland um Manakhah zählt zu den Zentren der Terrassenkultur. Die arbeitsintensive Form der Landwirtschaft macht es aber oft unmöglich, mit den niedrigen Weltmarktpreisen für Lebensmittel zu konkurrieren, so daß die Bauern vermehrt zur Aufgabe oder Umstellung auf ein anderes Produkt gezwungen werden.

am Tag fast keinen Schritt unternehmen, weil es einfach so verrückt heiß ist«, fährt der andere fort. Das waren ja nette Aussichten für uns.

Während sie sich von uns verabschieden und langsam zum Ausgang schlendern, zwinkere ich Stefan zu. »Wenn die unsere Räder sehen, glauben sie, daß sie es mit Verrückten zu tun gehabt haben.« Wir hatten zwar kurz angeschnitten, daß wir in die Tihama möchten, jedoch nicht wie.

Es dauerte keine drei Sekunden, da blickten zwei fragende, etwas verstörte Glühbirnchen bei der Türe herein. »Gehören euch die Mountainbikes?« Da nur mehr Stefan und ich im Raum waren, mußten wir wohl oder übel die Frage mit ja beantworten. »Unmöglich«, kam es aus den beiden wie aus einer Pistole geschossen, und weg waren sie. Nach dem Motto, nur bloß weg von diesen Verrückten.

Um die seit Jahrtausenden bestehenden Terrassen nicht verfallen zu lassen, wird häufig auf Kat »umgestellt«, eine Pflanze, die gerade an den Hängen des Bergjemen bestens gedeiht.

Auch wir verlassen die gastliche Stätte und marschieren, nachdem wir die Räder bei unserem Zelt zurückgelassen haben, auf einer holprigen Piste in das in 2500 m Höhe gelegene Dorf Hadschara.

Das Bergland um Manakhah kann mit Sicherheit zu den Zentren der Terrassenkultur gezählt werden. Entstanden sind die treppenartigen Anbaugebiete während der Zeit der Sabäer, einem Volk, das um 1500 v. Chr. im heutigen Jemen ansiedelte und die steilen Berghänge in mühevoller Arbeit terrassierte, um so jeden Quadratzentimeter Boden nutzen zu können. Da beim Terrassenanbau eine Bewässerung grundsätzlich nicht möglich ist, war und ist man auf die jährliche Niederschlagsmenge angewiesen. Diese notwendige Wassermenge liefern die feuchten Luftmassen, die sich hauptsächlich an der dem Roten Meer zugewandten Seite der Gebirge abregnen und somit ideale Voraussetzungen schaffen. Der einzige Nachteil der heftigen Regengüsse besteht darin, daß

Täglich werden die jungen Triebe und frischen Blätter des Strauches »Catha edulis« auf dem Katmarkt gekauft und ab Mittag an einem gemütlichen, schattigen Plätzchen gekaut.

die Terrassen im wahrsten Sinne des Wortes »gewartet« werden müssen, um durch die starken Regenfälle nicht davongespült zu werden. Die sich daraus ergebende arbeitsintensive Form der Landwirtschaft macht es zum Teil unmöglich, mit den niedrigen Weltmarktpreisen für Lebensmittel zu konkurrieren, so daß viele Bauern zur Aufgabe beziehungsweise zur Umstellung auf ein anderes Produkt gezwungen werden.

Ein solches Produkt, oder besser vielleicht das Produkt schlechthin ist das Kat, ein Kraut, das außer in Djibouti und Äthiopien auch im Jemen konsumiert wird und dort einen wohl einzigartigen Stellenwert einnimmt.

Ohne zu zögern kann man das Kraut als eine Art »Volksdroge« bezeichnen, da es von rund 90% der männlichen Jemeniten und etwa 30% der weiblichen Bevölkerung gekaut wird.

Die hellgrünen Triebe und jungen Blätter des bis zu vier Meter hohen Strauches, die am besten auf den fruchtbaren

Böden des Berglandes gedeihen, werden täglich von den Frauen gepflückt und von den Männern, die dafür teilweise die Hälfte ihres Tageslohnes ausgeben, auf dem Katmarkt gekauft. Eingepackt in eine Plastikhülle trägt der Käufer seine Zweige an einen gemütlichen Ort, wo dann unter Gleichgesinnten Blatt für Blatt in den Mund geschoben, gekaut, gewendet und anschließend in den Backen zu einem eigroßen Kloß gesammelt wird. Vermindert sich dabei das Volumen, werden sofort neue Blätter nachgeschoben. Wohlbehagen, verbunden mit einer leicht aufputschenden Wirkung, mitunter angenehme Müdigkeit sowie das Verschwinden jeglichen Hungergefühles sind die Wirkungen des im Kat enthaltenen Stoffes Katin. »Jemenitischer Whiskey« wird das Kraut scherzhaft von den moslemischen Jemeniten genannt, denen der Koran jeglichen Genuß von Alkohol verbietet.

Der Reisende kommt mit dem Kraut ebenfalls in Berührung, spätestens ab dem frühen Nachmittag, wenn man versucht, gewisse Dinge zu erledigen. Das gilt für Geschäfte, Behörden und den Souk, ja sogar dort sieht man die sonst so geschäftstüchtigen Händler am Nachmittag mit ihrer geschwollenen Katbacke vor sich hindösen.

In einem Land, in dem es keine Gasthäuser, Bars und sehr wenig Kinos gibt, bietet das Katkauen die einzige Möglichkeit geselligen Beisammenseins, und für die große Anzahl der Analphabeten ersetzt das Plaudern die tägliche Zeitung. Erst spät am Nachmittag geht die Gesellschaft auseinander, und das Leben nimmt wieder seinen normalen Lauf.

Eine gute Stunde nach dem Verlassen unseres Zeltplatzes stehen wir vor den Mauern des Felsennestes Hadschara. Wie ein Adlerhorst klebt dieses Nest hoch oben auf den Felsen. Es ist ohne Zweifel der Gipfel an tollkühner Architektur. Die dichte Bauweise der aus behauenen Steinen errichteten Häuser ergibt eine natürliche Stadtmauer, welche die Bewohner vor den häufigen Feldzügen, die die Region über sich ergehen lassen mußte, geschützt hat. Nur ein einziger, gepflasterter Weg führt durch das befestigte Tor ins Innere des Dorfes. Der Blick von einer der Mauern hinab in die darunterliegende Schlucht raubt uns fast den Atem. Manche der »Wohnburgen« stehen so ausgesetzt, daß die Bewohner ihren Müll beim Fenster hinauswerfen können und dieser, ohne einmal aufzuschlagen, gut 200 Meter tiefer in einer Schlucht landet. Hadschara ist aber nicht nur für seine exponierte Lage bekannt, sondern vor allem für die sieben- bis achtstöckigen Wohnhäuser, die ein bißchen an eine Miniaturausgabe von Manhattan erinnern und neben den Häusern im südlichen Hadramaut zu den höchsten Häusern im Land zählen.

Ein schattiges Plätzchen lädt uns ein, das Leben des Ortes auf uns einwirken zu lassen. Kein anderer Ort auf der Reise sollte uns einen nachhaltigeren Hauch von Mittelalter vermitteln als Hadschara. Hier einige kleine Kinder in schmutzigen, zerrissenen Kleidern, die sich aus gefundenen Sachen ein einfaches Spielzeug gebastelt haben, dort ein paar alte, stolze Jemeniten, die in ein angeregtes Gespräch verwickelt sind und von uns kaum Notiz nehmen. Frauen, in schwarze Umhänge gehüllt, huschen, nicht links und rechts schauend, durch die engen, verwinkelten Gassen, um die auf ihren

Seite 53: Das traditionelle Haus im Bergjemen weist aus Sicherheitsgründen in den beiden unteren Stockwerken neben einigen winzigen Fensteröffnungen, die von einer erwachsenen Person nicht durchstiegen werden können, nur eine robuste Haustür auf.
Unten: Die dichte Bauweise der aus behauenen Steinen errichteten Häuser ergab eine natürliche Stadtmauer, welche die Bewohner ebenfalls vor den häufigen Angriffen schützte.

Köpfen getragenen Wasserbehälter an den dafür vorgesehenen Sammelstellen wieder aufzufüllen.

In Gedanken versunken schlendern wir weiter. Plötzlich packen uns einige kleine Hände und versuchen, uns mitzuzerren. Auf unsere Frage nach dem Wohin, deuten die drei, vier lachenden kleinen Buben nach vorne. Ich bin ja gespannt, wo die uns hinschleppen wollen.

Ein paar Häuserecken weiter bleiben wir vor einem Haus stehen. Eine schwere Holztüre leitet in das dunkle Innere. Der kleine Bub gibt uns zu verstehen, daß wir mitkommen sollen. Das lassen wir uns natürlich nicht zweimal sagen. Die Gelegenheit, ein jemenitisches Haus von innen zu besichtigen, bekommt man auch nicht alle Tage.

Ein äußerst schmaler, mit hohen Stufenabsätzen gebauter Gang leitet uns, in ein diffuses Licht gehüllt, nach oben. Wie ein Wiesel flitzt unser kleiner »Hausherr« die auffallend steile, eckige Treppe hinauf. Mit meiner Körpergröße von 194 cm habe ich es im niedrigen Treppenhaus schon merklich schwieriger, um mir nicht an jedem Vorsprung den Kopf anzuhauen.

Zur Überbrückung der regenarmen Monate wurden Zisternen errichtet, jene riesigen Becken aus Stein, in denen das Regenwasser aufgefangen und gespeichert wird.

Das traditionelle Haus im Bergland besteht aus vier bis sieben Stöcken, mit einem flachen Dach als Abschluß. Die ersten beiden Stockwerke weisen aus Sicherheitsgründen keine oder nur kleine Fensteröffnungen auf, die von einer erwachsenen Person nicht durchstiegen werden können. Sie dienen als Ställe und Lagerräume und werden heute im städtischen Bereich oft als Garage für die Mopeds der Familie verwendet. In den daraufgebauten Stockwerken befinden sich Küche, Wohn- und Schlafräume. Ziemlich atemlos erreichen wir die oberen Stockwerke. Zwei Frauen, die gerade mit der Zubereitung des Mittagsmahles beschäftigt sind, werfen kurze, scheue Blicke zu uns herüber. Noch ein Stück, dann haben wir das Dachgeschoß, den sogenannten »Mafradsch« erreicht. Es ist mit Abstand der schönste Raum eines jemenitischen Hauses und dient dem Hausherrn als Empfangsraum für Besucher oder aber zum Feiern von Familienfesten, Abwickeln von Geschäften, um dann, nach getätigter Arbeit, am Nachmittag zusammen mit Freunden Kat zu kauen.

Beim Blick auf die umliegenden Häuser bemerken wir, daß wir uns zufällig auf dem höchsten Haus von Hadschara befinden. Vorsichtig äugeln wir von unserem Aussichtsturm an der Hausmauer hinab in die Tiefe, hinunter auf die unter uns liegenden Häuser. Etwas schwach erscheint uns betongewohnte Mitteleuropäer im ersten Augenblick die Bauweise für derart hohe Häuser, eine Bauweise, die sich aber über Jahrhunderte hin bewährt hat.

Wieder retour auf dem sicheren Boden treibt uns die Neugierde weiter, hinaus vor die Tore der kleinen Stadt.

Um dem Problem der Wasserknappheit in den regenarmen Monaten zu entgehen, wurden überall sogenannte Zisternen errichtet, riesige Wasserbehälter aus Stein, in denen das Regenwasser aufgefangen und gespeichert wird. An manchen Orten bereits dem Verfall preisgegeben, befindet sich die Zisterne in Hadschara in einem ausgezeichneten Zustand und wird so wie eh und je genützt. Das Wasserholen ist im Jemen Aufgabe der Frauen und Mädchen. Mit Hilfe von riesigen Behältern, die früher aus Tierhäuten hergestellt und heute meist leider durch Plastikkanister ersetzt sind, wird das kostbare Naß in mühevoller Arbeit über einen holprigen, mit Steinplatten übersäten Weg in die Häuser geschleppt.

Die Hitze und das muntere Plätschern des Wassers in der Zisterne erwecken in uns Gedanken an ein kurzes, erfrischendes Bad. Mit einem Mal aber sind die Gedanken verflogen, denn durch Zufall beobachten wir, wie einer der Einheimischen, erleichtert nach der Verrichtung seiner Notdurft, frisch und fröhlich seine Hände in unserem »Badewasser« wäscht. Da ist ja nichts dabei, wird sich so mancher Leser jetzt denken. Dazu möchte ich vielleicht kurz erwähnen, daß das bei uns übliche Toilettenpapier in islamischen Ländern durch die eigene linke Hand ersetzt wird und unser Jemenite sicher kein Einzelfall gewesen ist.

Die liebliche Landschaft ermuntert uns, am Nachmittag noch ein Stück der Umgebung zu erkunden.

Auf dem Rückweg, kurz vor Hadschara, stupft mich Stefan an: »Schau mal da drüben!« Ich blicke in die Richtung und glaube meinen Augen nicht zu trauen. Keine hundert Meter von uns entfernt steht ein dunkelblauer, im Sonnenlicht glänzender Mercedes. Beim Näherkommen erkennen wir das Saudi-Arabische Kennzeichen. Vielleicht ist es ein Scheich, der dem Ort aus irgendeinem Grund einen Besuch abgestattet hat. Ein Blick ins Innere des getönten Wagens verstärkt unsere Vermutungen. Schwarze Ledersitze und wunderschönes, verziertes Kaffeegeschirr prunken im Fond des Wagens. Während wir kopfschüttelnd um das Auto schleichen, herrscht plötzlich eine gewisse Aufregung unter den uns umgebenden Einheimischen. Der Grund ist, wie könnte es anders sein, der herannahende Scheich, ein wohlbeleibter Mann, gehüllt in feines, weißes Tuch, welches leicht im Wind fächert. Zu seinem Gefolge gehören drei Männer, vermutlich sein Fahrer und zwei Diener. Ein kurzes Kopfnicken unsererseits und ein fast abfällig klingendes englisches »Hello« von unserem Gegenüber eröffnen ein nur wenige Worte dauerndes Gespräch. Irgendwie können wir es ihm gar nicht verübeln, denn trotz der kurzen Zeit, die wir im Land sind, haben die Staubstraßen unser Ansehen nicht gerade sehr salonfähig gemacht. Mit einem »nice to meet you« verabschiedet sich unser Scheich und verschwindet kurzerhand in seiner klimagekühlten Kutsche.

Auch für uns wird es Zeit, sich langsam auf den Rückweg zu machen. Auf der Ladefläche eines Pick-ups holpern wir, eingepfercht zwischen einem guten Dutzend Jemeniten, an unseren Ausgangspunkt zurück.

Wasser, Wasser ... und noch einmal Wasser

Ausgerastet und mit neuen Energien verlassen wir Manakhah. Wie ein endloser Regenwurm schlängelt sich die Straße durch das zunächst breite Tal in Richtung Küstenebene hinab. »Das ergibt eine Abfahrt von mindestens eineinhalb Stunden«, jodelt Stefan und braust bereits wie ein Wilder an mir vorbei. Nichts wie hinterher, denke ich mir. Kaum daß wir auf den Rädern sitzen, geht das ganze schon wieder los. Während wir uns Kehre um Kehre tiefer schrauben, freue ich mich, daß wir uns beide so gut verstehen. Mit so einem Begleiter macht das Reisen Spaß, auch wenn einem Anstrengungen und Entbehrungen oft das Letzte abverlangen.

Mit jedem Meter, den wir tiefer kommen, nimmt die Temperatur wieder zu. Dabei befinden wir uns noch gute 70 km vom Beginn der Tihama entfernt. Bei diesem Gedanken sehe ich die beiden Deutschen mit ihren roten Köpfen wieder vor mir und muß innerlich lachen.

Langsam verengt sich das Tal, bis es schließlich in eine von hohen Felsen begrenzte Schlucht übergeht. Die ersten Bananenstauden »fliegen« an uns vorbei. Auf einem schmalen, saftig-grünen Fleck zwischen dem uns begleitenden, teilweise unruhig hin- und herfließenden Bächlein und den himmelstürmenden Felsen sind einige Frauen mit ihrer Feldarbeit beschäftigt. Die häufigen Regenfälle, die an der küstennahen Seite der Gebirge entstehen, lassen hier, in Verbindung mit der Wärme, alles besonders kräftig gedeihen und erlauben bis zu drei Ernten im Jahr.

Ohne erheblichen Kraftaufwand rollen unsere Räder nun seit über zwei Stunden dahin. Als Bergsteiger fasziniert uns natürlich die eine oder andere markante Felsgestalt inmitten dieser Felsarena. Doch Moment – was war denn das? Habe ich für einen kurzen Moment einen Knick in der Optik oder hat mir die Morgensonne bereits zu stark zugesetzt? Ein kurzer Pfiff zu meinem Freund, dann radle ich die letzten Meter zurück, um der Sache auf den Grund zu gehen. Weder das eine noch das andere war der Fall. Ich hatte mich nicht getäuscht.

Weit hinten, in einem schmalen Seitenarm unserer Schlucht

sprudelt munter ein Wasserfall über die Felswand herab. Etwas Besseres, sprich eine willkommenere Abwechslung könnte es bei dieser Affenhitze wohl kaum geben. Wir parken unsere Räder, und ab geht die Post.

Beim Näherkommen werden unsere kühnsten Träume noch bei weitem übertroffen. Die Wassermassen ergießen sich nicht nur einmal, sondern gleich zweimal terrassenartig in wunderschöne Becken, in denen bereits einige Jemeniten fröhlich herumplantschen. Mit einem Kopfsprung hechten auch wir uns in den von der Natur geschaffenen Swimmingpool. Angenehm kühles Wasser umgibt unsere staubigen Körper, die seit gut einer Woche keinen Tropfen dieses edlen Gutes mehr verspürt haben. Bevor die Haut richtig aufgeweicht ist, trennen wir uns schweren Herzens vom herrlichen Naß. Noch einmal tauchen wir die T-Shirts ins Wasser, um wenigstens auf den ersten Kilometern ein bißchen Kühlung zu verspüren.

Gegen Mittag erreichen wir den kleinen, unscheinbaren Ort Khamis Bani Sa'd. Hier zweigt unsere Strecke nach Norden in Richtung Al Mahwit ab. Auf der Landkarte ist die Route mit einer feinen roten Linie gekennzeichnet und markiert eine Piste. Um ganz sicherzugehen, fragen wir einige herumlungernde Einheimische nach der Richtigkeit des Weges. Aufgeregt beginnen die Männer zu erzählen, wobei wir aus dem Stimmengewirr mehrmals die Worte »Wasser« und irgend etwas von einem wilden, unbefahrbaren Weg entnehmen. Na ja, anschauen können wir uns die Strecke ja einmal.

Nach den letzten Häusern erwartet uns bereits das erste Hindernis. Ein Trockental, ein sogenanntes Wadi hat sich, vermutlich nach einem Gewitter in den Bergen, binnen kürzester Zeit in einen Fluß verwandelt und sich seinen Weg quer über die Piste gebahnt. Ein kleiner Gang wird eingelegt, kurz Anlauf genommen und schon radelt Stefan bis zu den Unterschenkeln im Wasser. »Fall nur nicht hinein«, rufe ich ihm noch nach, denn eine Blitzmeldung von zwei wahnsinnigen Radfahrern hat natürlich sofort das gesamte Dorf veranlaßt, sich am Ufer zu versammeln und mit leuchtenden Augen nur darauf zu warten, daß einer von uns in die Fluten stürzt. Doch Allah scheint auf unserer Seite zu stehen und läßt uns ohne größere Probleme das gegenüberliegende Ufer erreichen.

Auf der anderen Seite sieht es auch nicht gerade sehr ermutigend aus. Eine schwierig zu erkennende Piste inmitten eines groben, geröllhaldenähnlichen Schotters. Von Stein zu Stein balancieren wir in das von senkrechten Felswänden begrenzte Tal. Der Anblick dieser engen, aufgeheizten Schlucht erinnert mich unweigerlich an einen Toastapparat. Einziger Nachteil ist, daß wir beide die Weißbrotscheiben zwischen den Heizdrähten sind. Immer öfter werden wir gezwungen, Pausen einzulegen, um uns nicht bis zur totalen

Nicht sehr einladend sieht der Beginn der Strecke Khamis Bani Sa'd – Al Mahwit aus. Von den im Jemen zurückgelegten 1000 Kilometern fuhren wir etwa 400 Kilometer auf Asphalt, die restlichen 600 Kilometer auf äußerst schlechten, unbefestigten Pisten.

Erschöpfung zu verausgaben. Bereits nach einem kurzen Stück bricht mein Gepäckträger. Er scheint den Anforderungen der Strecke nicht gewachsen zu sein, und das, obwohl wir nur sehr wenig Gepäck mitführen. Notdürftig reparieren wir ihn mit einem dünnen Draht und hoffen, daß unsere Konstruktion bis in die nächste Stadt hält. Aber – bis dorthin sind es noch mehrere Tage.

Am späten Nachmittag wird die Piste durch die Schlucht immer schwieriger. Teilweise werden nun die schmalen Schluchtwände von einem flachen, gut zwei Meter hohen Gürtel aus Schilf abgelöst, für uns ein Zeichen, daß es langsam wieder feuchter wird. Als wir um eine Ecke biegen, traue ich meinen Augen nicht. Zwei kleine Bächlein bahnen sich plötzlich auf den ausgefahrenen Spurrillen entlang ihren Weg zu Tal. Wie auf einer Schmierseife rutschen wir auf dem glitschigen Geröll herum. Langsam geht mir ein Licht auf, warum die Einheimischen in Khamis Bani Sa'd immer von Wasser gesprochen haben. Auch die jetzige Route führt entlang eines Wadis, das sich bei heftigen Gewittern blitzschnell in ein reißendes Bachbett verwandeln kann.

Die Mischung aus Hitze, Feuchtigkeit und Pistenzustand fordert uns bis an die Leistungsgrenze. In Schweiß gebadet frage ich mich, wie es uns wohl in der Tihama, eine der heißesten Gegenden unserer Erde ergehen wird. Im Moment kann ich mir eine Steigerung der Hitze kaum vorstellen.

Zufrieden über die gefahrene Tagesetappe stellen wir am späten Nachmittag unser Zelt in einer kleinen Wiese in dem inzwischen wieder breiter gewordenen Tal auf. Das vertraute Surren unseres Benzinkochers klingt wohltuend in den Ohren. Heute, nach diesen fast unmenschlichen Anstrengungen, haben wir uns eine spezielle Mahlzeit verdient. Während wir ausgestreckt genüßlich auf das bevorstehende Menü warten, reißt uns ein aufklatschender Tropfen in den vor dem Zelt stehenden Suppentopf plötzlich aus unseren »Jägertopfträumen«. Ein kurzer Blick aus unserer Behausung bestätigt die Befürchtungen. Schwarz-gelb hat sich der Himmel verfärbt

Seite 61: Nur äußerst mühsam kommen wir auf dem glitschigen Geröll voran. Trockentäler, sogenannte Wadis, können sich nach einem Gewitter in den Bergen blitzschnell in reißende Bachbette verwandeln und zu einer gefährlichen Falle werden.

Aus Gewichtsgründen nahmen wir nur das Innenzelt mit, denn Regen gibt es um diese Zeit im Jemen nicht. Aber schon bald sollten wir eines Besseren belehrt werden.

und läßt die Landschaft in drohenden, jedoch fantastischen Farben erscheinen. Obwohl wir es nicht so recht glauben wollen, öffnet der Wettergott innerhalb der nächsten paar Minuten seine Schleusen mit voller Wucht.

»Sicher nur ein kurzes Gewitter«, beruhige ich Stefan. Als wir nach eineinhalb Stunden in einer zwei Zentimeter tiefen Pfütze sitzen und der Suppentopf bereits vom Regenwasser überquillt, bekomme ich langsam arge Bedenken.

Sämtliche Sachen, die nicht in wasserdichten Nylonsäcken verstaut wurden, sind zum Auswinden. Warum, ist einfach erklärt. Aus Gewichtsgründen nahmen wir nur das Innenzelt mit, denn Regen gibt es um diese Zeit im Jemen nicht.

Inshallah! – So Gott will!

Allah hat aber erneut Einsehen mit uns und dreht seinen himmlischen Wasserhahn wieder zu.

Im Schein unserer Stirnlampen können wir endlich unser lang ersehntes Abendessen genießen.

Freundliche und feindliche Begegnungen

Zum Glück arten Gewitter in diesen Breitengraden nicht in tagelange Schlechtwetterperioden aus. Frisch durch den Regen gereinigt präsentiert sich uns die Umgebung am kommenden Morgen in einem neuen, kristallklaren Kleid. Auch die Piste befindet sich, dank dem Ende der wolkenbruchartigen Regenfälle im Gebirge, in einem wesentlich besseren Zustand als gestern. Es kommt uns fast vor, als wolle uns jemand für den gestrigen Tag alles wieder gutmachen.

Obwohl die Gegend sehr abgeschieden ist, stoßen wir immer wieder auf einsam gelegene Häuser, die von Dutzenden herumtollender Kinder bevölkert werden. Sie sind der Stolz jeder arabischen Familie, vor allem, wenn es sich dabei um Buben handelt.

Lustig ist, die Kleinen bei ihren Spielen zu beobachten, bei denen ihnen jedes nur erdenkliche Mittel recht ist. Oft sind es

Wo wir hinkommen – überall werden wir von Kindern neugierig bestaunt. Aber es ist auch kein Wunder, denn Ausländer – noch dazu auf Fahrrädern – hat man hier noch nie zu Gesicht bekommen.

ausgediente Fahrradfelgen, die, weiß der Teufel wo, einmal aufgegabelt wurden. Die Kunst dabei ist, die Felge möglichst lange mit einem Stock, der als Antrieb und Lenkung dient, fortzubewegen. Im Eifer ihres Spieles werden wir von den Kindern erst in letzter Sekunde wahrgenommen. Aber das ist hier in den einsamen Tälern kein Problem, denn die Kinder sind lange nicht so frech und aufdringlich wie auf den Hauptrouten. Zurückhaltend wird zuerst einmal beobachtet, wer da überhaupt des Weges kommt. Erst wenn wir ihnen freundlich zuwinken, beginnen sich ihre scheuen, manchmal sogar ängstlich wirkenden Gesichtszüge zu lösen. Beim Anblick der fröhlich und zufrieden wirkenden Kinder wandern meine Gedanken in Richtung Europa, in unsere konsumüberschwemmte Welt, in der manche Eltern ihre kleinen Lieblinge mit Spielsachen überschütten, ohne ihnen dabei etwas Gutes zu tun.

Da ich gerade mit meinen Gedanken in Europa bin – bei uns wird die kalte Jahreszeit wohl schon Einzug gehalten haben, vielleicht sind die höheren Berggipfel bereits mit einem dünnen Schneekleid überzogen. In den Tälern haben die Bäume ihre Blätter in den herrlichsten Farben verfärbt. All diese Dinge kennt man im Jemen nicht.

Ein bißchen kühle, heimatliche Luft würde uns im Moment auch nicht schaden, denn mit dem Ansteigen der Piste nimmt auch im gleichen Verhältnis die Hitze wieder zu. Gegen Mittag ist jener Punkt erreicht, wo es aufgrund der Steilheit mit den Rädern kein Weiterkommen mehr gibt. Also heißt es absteigen und schieben. Aber auch das Schieben im steilen, grobblockigen Schotter fordert von uns ein hohes Maß an Energie und Schweiß. Während einer kurzen Rast unter einem schattenspendenden Bäumchen vernehmen wir plötzlich das entfernte Geräusch eines laufenden Motors. Es wird wohl nicht... Oh ja, es dauert nicht lange, da biegt einer jener weitverbreiteten, unverwüstlichen Toyota-Jeeps um die Kurve. Wir zögern nicht lange und halten den Wagen auf. Lieber fahren wir ein Stück mit, als unnütz die Zeit mit der blöden Schieberei zu vergeuden. Gott sei Dank haben wir die

Seite 65: Fast einhundert verschiedene Minarette von Moscheen ragen in den stahlblauen Himmel der Hauptstadt Sana'a. Diese heiligen Stätten dienen dem Gläubigen zur Verrichtung des Gebetes und dürfen von Nichtmoslems nicht betreten werden.

einmalige Gelegenheit genützt, denn der folgende Streckenabschnitt wäre auch mit Schieben nur schwer zu schaffen gewesen. Sogar auf der Ladefläche des Fahrzeuges haben wir alle Hände voll zu tun, um nicht rücklings samt unserem ganzen Krempel wieder hinunterzufallen. Eine gute Stunde schaukeln wir durch die Landschaft, als vor uns ein gespenstisch wirkendes, in Nebelfetzen gehülltes, größeres Dorf auftaucht. Es ist die in 2100 m Höhe gelegene Ansiedlung Al Mahwit. Endstation für unseren Fahrer. Für uns heißt es nun wieder auf eigenen Muskelbetrieb umschalten.

Einem steilen Anstieg durch das Dorf folgt eine Strecke an Bergkämmen entlang in Richtung At Tawilah. Aus dem anfangs schmalen, schlechten Schotterweg entwickelt sich ein breites, fast highwayartiges Schotterband. Die kühle, nebelverhangene Landschaft hat sich ebenfalls geändert. Wolkenloser Himmel gewährt uns herrliche Blicke bis hinein in die nördlich liegenden, zerklüfteten Bergregionen von Hajjah. Nach eineinhalb harten Tagen genießen wir das gemütliche Auf und Ab in vollen Zügen. Auf einer kurzen, steilen Abfahrt in eine Senke ziehen plötzlich wieder Nebelfetzen aus den Tälern nach oben, schleichen entlang von Schluchten und Bergkämmen. Binnen weniger Minuten sind wir von diesem drohend wirkenden Vorhang umhüllt. Innerhalb weniger Minuten fällt die Temperatur – ähnlich wie in unseren Alpen – spürbar um etliche Grade, so daß unsere langen Hosen und Anoraks erstmals zum Einsatz kommen.

Durchgefroren von den letzten Kilometern erreichen wir ein weit zerstreutes, nur aus wenigen Häusern bestehendes Dorf. »Jetzt wird es Zeit für eine Zigarette«, meint Stefan. Eine alte vergilbte Tafel an einem Haus zeigt den Verkauf von Zigaretten an. Ein sehr freundlicher, weißhaariger Mann, der sich von den härteren Gesichtszügen der Jemeniten erheblich unterscheidet, begrüßt uns lachend und erklärt in gut verständlichem Englisch, daß sich hier an diesem Ort eine Schule befindet und er der Lehrer ist. Wir entschuldigen uns für die Störung, wollen wieder weiter, doch der Mann lädt uns zu sich ein.

Da es, wie wir mittlerweile wissen, in arabischen Ländern unhöflich ist, eine Einladung abzuschlagen, bleiben wir.

Durch eine schmale, niedrige Eingangstür betreten wir ein kleines, einfach aber gemütlich eingerichtetes Zimmer, das

Schwierig ist es, der hohen Analphabetenrate an den Leib zu rücken, da es den Kindern abgelegener Dörfer unmöglich ist, täglich die weite Entfernung zur Schule zurückzulegen. Außerdem werden die Mädchen im Haushalt oder auf dem Feld benötigt.

gleichzeitig als Schlaf-, Arbeitszimmer und Aufenthaltsraum in einem dient. Oliven, eingelegte Zitronen und Brot bilden den Beginn eines langen, unterhaltsamen Abends.

Wie sich herausstellt, kommt Mohammed – so wird in arabischen Ländern jeder erste Sohn einer Familie getauft – aus Ägypten und arbeitet derzeit mehrere Jahre als Lehrer im Entwicklungsdienst. Allgemeine Schulbildung gibt es im Jemen erst seit relativ kurzer Zeit. Bis 1962 gab es nur Koranschulen, in denen die Schüler eine religiöse Ausbildung genossen. Erst nach der Revolution erkannte man die Wichtigkeit einer allgemeinen Schulbildung, doch das Problem begann bereits damit, daß keine qualifizierten einheimischen Lehrer zur Verfügung standen. Demgegenüber gab es eine äußerst hohe Analphabetenrate, im Jahre 1978 immerhin noch 75% der Männer und über 90% der Frauen. Mit einem Großaufgebot von ausländischen Lehrern, die hauptsächlich aus Ägypten, dem Sudan und Syrien kommen, versucht man

Oben: Wir schieben einige der wackeligen Tische im Klassenzimmer zusammen, und fertig ist unser »Bett«.
Seite 68: Die von Königin Arwa bint Ahmed errichtete und nach ihr benannte Moschee in Jiblah ist eine der wenigen Moscheen des islamischen Raumes, die außerhalb der Gebetszeiten auch von Nichtmoslems betreten werden darf.
Seite 69: Der Gläubige hat das Gebet stets in Richtung Mekka zu verrichten, wobei die Richtung durch eine Wandnische gekennzeichnet ist. Das Gebet selbst erfolgt nach vorgeschriebenem Ritual mit Ausrufen, Verbeugungen sowie genau vorgeschriebenen Worten.

nun, dieser hohen Rate auf den Leib zu rücken. Mittlerweile existiert sogar eine Schulpflicht, was aber nicht bedeutet, daß die Schule auch von allen Kindern besucht wird. Vor allem bei Mädchen ist die Besucherzahl noch eher gering, da sie im städtischen Bereich vielfach zu Hause, im ländlichen Bereich zusätzlich bei Feldarbeiten eingesetzt werden. Außerdem ist es den Kindern abgeschiedener Dörfer unmöglich, täglich die Schulbank zu drücken.

Sehr oft schwärmt Mohammed an diesem Abend vom modernen Ägypten, erzählt von seinen Kindern und klagt gleichzeitig über seine Versetzung nach Al Mahwit, ein Kaff, in dem, wie er selbst sagt, überhaupt nichts los ist. Spät am Abend kommt dann aber Leben ins Haus, als einige Schüler zum Lehrer zu Besuch kommen. Sofort sprudeln bei unserem

Anblick fast sämtliche gelernte Wörter wie »how are you« und »what's your name« in gebrochenem Englisch über ihre Lippen. Dann ist meist Sendepause, denn zu weit mehr reichen ihre Englischkenntnisse noch nicht aus. Jeder von ihnen trägt bereits die Dschambia, jenen vor dem Bauch in einem Gürtel steckenden Krummdolch, die zwei ältesten davon sind stolze Besitzer einer russischen Kalaschnikow. Auf unsere Frage nach dem Gewehr erklärt man nur kurz, daß es bereits Nacht ist und man ja schließlich nie wissen kann...

Um sich an das Tragen des Krummdolches zu gewöhnen, bekommen die Kleinen bereits im Alter von fünf bis sechs Jahren Holzdschambias vor den Bauch gesteckt, die mit etwa 15 Jahren gegen richtige Dolche getauscht werden.

Spät brechen wir nach einem interessanten Abend auf, um einen Zeltplatz zu suchen. Das heißt, wir möchten aufbrechen, denn unsere Frage nach einem Schlafplatz im Garten wird sofort energisch zurückgewiesen. »Nein, nein, hier müßt ihr schlafen«, und schon stehen wir in dem nebenan liegenden, kleinen Klassenzimmer. Schnell sind einige der wackeligen Tische zusammengeschoben, und unser »Bett« ist fertig.

Ein vielstimmiger Chor weckt uns am kommenden Morgen. Jetzt wird es Zeit, daß wir aus dem Schlafsack kriechen, denn bald beginnt der Unterricht, den wir durch unsere Anwesenheit in keinster Weise stören möchten. Im kleinen Garten vor dem Schulgebäude hat inzwischen eine stattliche Anzahl von Kindern im Halbkreis Aufstellung genommen. Täglich wird ein anderer Schüler dazu bestimmt, laut vor allen anderen einen Teil aus dem Koran vorzusprechen. Für uns bedeutet es ein noch nie gesehenes Schauspiel, auch aus dem Grund, da der Großteil überhaupt nicht bei der Sache ist und die Köpfe statt zum Sprechenden zu uns nach hinten reckt. Bevor wir starten, müssen auch wir ein paar Worte an die Kleinen richten. Herzlich ist der Abschied vor allem von unserem Lehrer. Für ihn waren wir eine willkommene Abwechslung in seinem derzeit eintönigen und etwas unglücklichen Dasein.

Eine weite Hochfläche, auf der großteils Hirse angebaut wird, ist für die nächsten Kilometer bestimmend. Lange Flachstücke wechseln mit kurzen, steilen Anstiegen und rassigen Abfahrten. Wie auf einer Achterbahn, nur daß die Loopings fehlen. Im Anschluß an die Hochfläche wird die Gegend steiniger. Die für die Waden so angenehmen Abfahrten hören

Oben: In Dörfern und deren unmittelbarer Umgebung passiert es immer wieder, daß wir plötzlich von irgendeinem Kerlchen »entdeckt« werden. Ein schriller Schrei an die übrige Dorfjugend – und in Sekunden sind wir von einer johlenden Schar von Kindern umgeben. Seite 72/73: Der Jemen wird meistens mit endlosen, ebenen Wüstenflächen sowie Erdöl in Verbindung gebracht, ein Umstand, der auf das im Norden gelegene Saudi-Arabien zurückzuführen ist. Dabei befinden sich gerade im südwestlichen Eck der Arabischen Halbinsel äußerst fruchtbare Täler sowie Berge mit über 3000 Meter Höhe.

ebenfalls mit einem Mal auf, der rötlich gefärbte – glücklicherweise trockene – Lehmboden nimmt erneut an Steilheit zu.

Auf einem kurzen Flachstück kommen uns plötzlich zwei Buben mit uralten Fahrrädern entgegen. Sowohl sie als auch wir sehen uns für einige Augenblicke völlig verdutzt an, denn keiner von beiden Parteien war auf eine solche Begegnung vorbereitet. Wie schon so oft löst ein freundlicher Gruß die Hemmschwelle mit einem Schlag. In Windeseile drehen die beiden um und fordern uns zu einem Rennen. Warum sollen wir ihnen diesen Spaß nicht bieten, also auf geht's. Die Füße unserer beiden »Gegner« sausen, um ja nicht hintenzubleiben, wie eine schnell eingeschaltete Nähmaschine auf und ab. Einige Kurven weiter entdecken wir direkt neben der Piste ein größeres Gebäude, das sich beim Näherkommen als ein Schulgebäude entpuppt. Plötzlich, wie aus der Pistole geschossen, öffnen sich die Türen, und aus dem Haus stürmen

Trauben von Kindern, sich fast überschlagend, in unsere Richtung. Eine Flucht ist unmöglich, denn schon haben die ersten das kurze Stück zurückgelegt und die Piste vor uns erreicht. Im Nu sind wir von mindestens fünfzig johlenden Kindern umstellt. Jedes von ihnen möchte entweder das Rad oder uns anfassen. Als die Älteren bemerken, daß uns die Sache langsam zu bunt wird, drängen sie die Kleinen zurück, und wir können unseren Weg fortsetzen.

Ein tiefer, grobschottriger Anstieg setzt unserem Vorwärtskommen wieder einmal ein jähes Ende, so daß wir gezwungen sind, die Räder zu schieben. Nach einiger Zeit wagen wir einen vorsichtigen Blick auf unsere Straßenkarte. Die verschiedenfarbigen Höhenlinien zeigen uns, daß die Strecke noch länger und vor allem noch etliche Höhenmeter nach oben führt, bevor sie wieder flacher wird und schließlich abwärts nach Shibam leitet. »Das können wir vergessen, wenn wir wollen«, meint Stefan, der heute gesundheitlich nicht seinen besten Tag hat. Da immer wieder Geländewagen die Strecke passieren, gebe auch ich mich trotz meines Ehrgeizes geschlagen.

Es dauert nicht lange, und wir sitzen eingepfercht zwischen ziemlich entgeistert dreinschauenden Einheimischen und den Rädern auf der Ladefläche eines uralten Geländewagens. In die Staubwolke eines voranfahrenden Fahrzeugs gehüllt, klettert unser Gefährt im Schrittempo Meter für Meter nach oben. Kaum ist der höchste Punkt erreicht, beginnt eine Fahrt, die wir noch lange in Erinnerung behalten werden. Anscheinend will uns der Fahrer beweisen, daß er der Schnellste im Land ist, anders kann ich mir das sonst nicht erklären. Verzweifelt, um ja nicht von der Ladefläche geschleudert zu werden, halten wir uns fest, wo es nur möglich ist. Mit einem Höllentempo wird das soeben noch vor uns fahrende Fahrzeug in Zentimeterarbeit überholt. Nun, eigentlich habe ich gar nichts gegen schnell fahren. Hier im Jemen gibt es aber ein kleines Problem, es gibt nämlich keinen Führerschein. Das heißt wiederum, daß jeder, der sich so einen fahrbaren Untersatz leisten kann, auch damit fahren kann. Auf unserer Reise begegneten uns immer wieder fünfzehnjährige Buben in riesigen Jeeps, die mit einem Affentempo an uns vorbeidonnerten. Dazu kommt noch, daß die Fahrzeuge nicht gerade nach den neuesten Gesetzen für Verkehrssicherheit überprüft sind und

ein einziger Defekt im Lenk- oder Bremssystem auf den schmalen, zum Teil sehr ausgesetzten Bergstraßen dem Start eines Drachenfliegers ähnelt, nur daß in unserem Fall der Drachen fehlt. Den absoluten Höhepunkt setzt unser Fahrer mit dem Überholmanöver eines Lkw's. Es bleibt uns gerade noch Zeit, ein Stoßgebet an den Herrn über uns zu schicken, dann heißt es nur noch hoffen, daß Allah in unserem Vehikel mitfährt. Der Lkw und unser Gefährt, beide donnern auf eine im 90°-Winkel abbiegende Kurve zu, keiner der Fahrer gibt nach. Steine fliegen, eine undurchsichtige Staubwolke raubt uns jeden Blick nach vorne. Unser Wagen gerät ins Schleudern, steht fast quer zur Fahrbahn. Stürzen wir bereits, was ist los? Sekunden später lüftet sich die Staubglocke, wir haben es geschafft. Der Lkw fährt hinter uns.

Langsam fragen wir uns, ob es für die Nerven und unseren Stützapparat nicht besser ist, per Rad weiterzufahren, da die Strecke mittlerweile eben, zum Teil sogar leicht bergab führt. Doch was sollen all diese Gedanken, wir müssen uns ja krampfhaft festhalten und kommen bei diesem Affentempo nicht einmal bis zum Führerhaus vor.

Ein vor uns liegendes Dorf nimmt uns das Problem ab. »Shibam«, antwortet der Fahrer auf unsere fragenden Blicke. Durchgerüttelt und -geschüttelt klettern wir wie zwei zusammengeschlagene Greise von unserem Gefährt. Für heute ist unser Pensum an Autofahrten reichlich erfüllt. Das einzige, was uns nach der nervenzerfetzenden Stunde wieder auf die Beine richten kann, ist ein ordentliches Essen.

In einem scheinbar restlos überfüllten Lokal erhaschen wir gerade noch zwei Plätze. Jeder der Anwesenden schreit der Bedienung, einem flinken jungen Burschen seine Wünsche nach. Immer wieder beobachten wir die Essenshektik und den damit verbundenen Lärmpegel in jemenitischen Eßlokalen, denn Zeit nimmt sich zum Essen kein Jemenite.

Seite 76: An den Berghängen des 3000 m hohen Jebel Sabir liegt die im 14. Jahrhundert errichtete Ashrafiya-Moschee, das Wahrzeichen der Stadt Taizz.
Seite 77: Fünfmal am Tage werden die Anhänger des Islams durch den Gesang des Muezzins vom Minarett der Moschee an das Gebet erinnert, eine Religion, der weltweit mittlerweile rund eine Milliarde Menschen angehören.

Mit vollen Bäuchen heben und schieben wir uns auf die Räder. Den Plan, in das auf einem Bergmassiv über Shibam thronende Dorf Kawkaban zu wandern, geben wir aufgrund unserer derzeitigen Trägheit sofort auf. Und so fahren wir das kurze, gemütliche Stück weiter nach Thula.

Steinhäuser bestimmen das Bild des kleinen Dorfes. Mit Spannung erwarte ich bereits die Piste, die uns über Bayt Adhaqah in weiterer Folge auf die Strecke Amran – Hajjah führen soll. Einige Jemeniten, die wir nach dem Weg fragen, sehen uns nur fragend an und schütteln die Köpfe. Ja verdammt, es wird wohl ein Mensch dieses 30 km entfernte Kaff kennen, auch wenn wir den Dorfnamen vielleicht nicht gerade urjemenitisch aussprechen. Weitere Anfragen ergeben ebenfalls keinen Erfolg. Jetzt reicht es aber. Gefühlsmäßig folgen wir einer nach Norden führenden Abzweigung. Steinig, aber nicht sehr schwierig führt die Piste schnurgerade aus dem Dorf. Irgend ein Gefühl sagt mir, daß wir richtig liegen. Der Fahrer des entgegenkommenden Fahrzeuges bestätigt unsere Vermutungen, so daß wir auf unsere Nase richtig stolz sind. Die Freude darüber währt nicht sehr lange, denn immer wieder zweigen Wege ab, die uns etwas verunsichern. Das Vorhaben, der ausgefahrensten Spur zu folgen wird zunehmend schwieriger, da der Untergrund immer steiniger und somit immer schwieriger erkennbar wird. Diese steinige Strecke, auf der wir mit viel Gefühl und Gleichgewichtssinn dahinbalancieren, erinnert uns ein bißchen an die heimatlichen Berge, in denen wir oft schwierige Wanderpfade gemeistert hatten. Auch temperaturmäßig ist es derzeit ähnlich wie in den Alpen, vor allem wesentlich angenehmer als in den letzten Tagen. Aber es ist auch kein Wunder, radeln wir doch in einer Höhe von rund 2800 m.

Das andauernde konzentrierte Fahren hat uns die Zeit wieder einmal völlig vergessen lassen, und so sind wir nach einem Blick auf die Uhr verwundert, daß es bereits später Nachmittag ist.

Eine schwierig zu entscheidende Weggabelung stoppt plötzlich unser Vorwärtskommen. Entweder scharf rechts hinab oder scharf links hinauf, das ist jetzt die Frage. Obwohl das Gelände über mehrere Kilometer frei und übersichtlich erscheint, erschweren terrassenartige Abstufungen immer wieder den Einblick auf den Weg. Auch der was-weiß-ich-

wievielte Blick auf die Karte, um irgendeinen markanten Punkt im Gelände zu entdecken, bringt uns nicht weiter.

Wie eine Fata Morgana erscheinen uns deshalb einige weit entfernte Punkte, die auf uns zurasen, immer schneller und immer größer werdend. Fast als ein Geschenk von oben möchte ich diese Menschen in jenen Minuten bezeichnen.

Hechelnd stehen einige zehn bis fünfzehnjährige Buben in durchlöcherten Djellabas und aufgerissenen Schuhen vor uns. Ein kurzes Salem alaikum, und gleichzeitig sind wir auch schon umstellt. Wie so oft tasten auch ihre kleinen, zarten Finger neugierig unsere Räder ab, von vorne bis hinten und umgekehrt. Eine kurze Pause nützen wir sofort, um nach dem Weiterweg zu fragen. Als Ziel geben wir jedoch nicht Bayt Adhaqah, sondern die Stadt Amran an. Das dürfte den Jugendlichen geläufiger sein, denken wir, ist aber, wie sich später herausstellen sollte, ein Fehler. Kurzes Palaver, dann zeigt ein Teil der Kinder nach rechts, der andere nach links. Die Gegend scheint wie verhext zu sein, jetzt sind wir wieder genau dort, wo wir angefangen haben. Noch einmal fragen wir nach »Amran«, und noch einmal entsteht unter den Kindern eine in allen Hoch- und Tieftönen geführte, aufgeregte Diskussion. Dann ist man sich einig, sechs Hände zeigen links hinauf. Mittlerweile sind Stefan und ich zum Entschluß gekommen, daß es rein instinktiv rechts hinab gehen müßte. Wir bedanken uns und holpern langsam den Weg hinab. Das scheint aber den Buben gar nicht zu gefallen, denn während sie sich langsam in Bewegung setzen, um uns zu folgen, schreit einer – er scheint der Älteste und Anführer der Gruppe zu sein – immer wieder, wild mit den Armen herumfuchtelnd, den Namen »Amran« und deutet in die andere Richtung. Je weiter wir uns von der Abzweigung entfernen, umso aggressiver wird die uns folgende Gruppe. Nach dem fünfzigsten, nervenzersägenden »Amran« gehen uns die Kerle langsam auf den Wecker. Wir bleiben kurz stehen, bedanken uns noch einmal höflich und verabschieden uns von ihnen. Das scheint

Seite 80: Bei den laut, in sämtlichen Höhen- und Tiefenlagen geführten Unterhaltungen der Jemeniten glaubt man oft, daß es sich um »gröbere« Auseinandersetzungen handelt. Dabei unterhalten sich die Männer ganz normal in ihrer gewohnt emotionsvollen, gestikulierenden Art und Weise.

aber nicht besonders gewirkt zu haben. Ein kurzer Sprint, bei dem es uns auf der steinigen, schwierig zu befahrenen Strecke fast von den Rädern beutelt, spitzt die Stimmung nur noch mehr zu. Jetzt reicht es uns aber. Zwei böse Blicke und ein lautes ma'a salama (auf Wiedersehen) tragen plötzlich Früchte. Wortlos bleiben die Kinder stehen. »Hat etwas lange gedauert«, sage ich zu Stefan. »Jetzt haben wir aber Ruhe«, erwidert dieser sichtlich erfreut.

Während er den Satz noch nicht zu Ende gesprochen hat, unterbricht ein neben uns aufschlagender Gegenstand das kurze Gespräch. Ein Stein. Kurz darauf schlägt ein faustgroßes Geschoß nach dem anderen ein, vor uns, neben uns, hinter uns, eines trifft meinen auf dem Gepäckträger befestigten Rucksack. Gott sei Dank auf den Rucksack, schießt es mir durch den Kopf, denn wenn ich diesen Brocken auf den Kopf bekommen hätte, wäre ich vermutlich wie ein fauler Apfel vom Baum, besser gesagt vom Rad gekippt.

Ohne ein Wort erhöhen wir beide das Tempo, doch die Kerle haben aufgrund der extrem schlechten, steinigen Piste ein leichtes Spiel mit uns. Ein Blick über die Schulter zeigt mir, daß die Kinder immer in idealer Schußweite hinter uns herlaufen. Fuchsteufelswild stoppe ich plötzlich mein Rad, springe mit einem Satz herunter und bücke mich nach einem Stein, von denen es zum Glück jede Menge gibt. Sofort halten meine Gegenüber an und weichen, während ich zum Wurf aushole, ein paar Schritte zurück. Nur ja keinen treffen und verletzen, wirbelt es mir durch den Kopf, denn im Jemen gibt es noch die Blutrache. Während der Stein irgendwo vor ihnen einschlägt, schwinge ich mich wieder auf mein Rad. Nichts wie weg hier. Das einzige, was meine Aktion eingebracht hat, ist ein erneuter Steinhagel. So geht das nicht weiter, irgendwann bekommt einer von uns einen Stein auf den Kopf.

Ein gutes Stück vor uns verschwindet die Piste hinter einem kleinen Hügel – zwar nur kurz und für wenige Meter, aber ich glaube, für meinen Plan reicht es. »Sobald wir hinter dem Hügel sind, stoppen wir beide blitzschnell, und du hälts mein Rad«, rufe ich Stefan zu. Mein Freund hat nicht einmal mehr Zeit, nach dem »Warum?« und »Wie?« zu fragen, denn wir sind soeben hinter dem Hügel verschwunden, und ich klettere bereits flink wie ein Wiesel und für unsere kleinen »Gegner« uneinsehbar vom Drahtesel und verstecke mich hinter einem größeren Felsbrocken. Als die Jungs johlend um die Ecke traben, springe ich plötzlich aus meiner Deckung und renne ihnen entgegen. Mit angstverzerrten Gesichtern, als ob sie soeben von einer Tarantel gebissen worden wären, halten sie inne. Mit dieser Gegenaktion haben sie nicht gerechnet. Die Füße unter die Arme nehmend, als ob der Teufel persönlich hinter ihnen wäre, rennen sie zurück – ich schnaufend hinterher. Ziemlich atemlos gebe ich nach einiger Zeit die Verfolgung auf, während sie mit unverminderter Geschwindigkeit, ohne einmal umzublicken, weiterjagen. Erst weit von uns entfernt halten sie an. Der Schock sitzt ihnen vermutlich noch in den Gliedern, denn kein einziger wagt es, auch nur einen Schritt in unsere Richtung zu machen. Zufrieden, daß alles so glimpflich ausgegangen ist, setzen wir beide den Weg fort. Glatte Platten haben inzwischen die grobschottrige Piste abgelöst. Obwohl wir nur langsam vorankommen, versuchen wir, noch ein Stück zurückzulegen, um uns von den aggressiven Kindern etwas zu entfernen – denn man weiß ja nie.

Kurz vor einem Bergkamm hat uns die Dämmerung eingeholt. In Windeseile suchen wir auf dem von Steinen durchsetzten, almähnlichen Gelände nach einem geeigneten Zeltplatz. Die Sache erweist sich aber schwieriger als wir glauben, schließlich befinden wir uns in einer steinigen Bergregion in ungefähr 3000 m Höhe. Endlich, nachdem wir beide wie zwei verrückte Hühner in der Gegend herumgeirrt sind, haben wir ein passendes Plätzchen gefunden.

Erst jetzt, seit wir nicht mehr in Bewegung sind, spüren wir die emporschleichende Kälte. Nie sollte man in südlichen Gebirgen damit rechnen, auf mildere Temperaturen zu stoßen, ganz im Gegenteil. Durch die Hitze am Tag empfindet man die abendliche Kälte wesentlich unangenehmer als in unseren Breitengraden.

Ziemlich durchgefroren – es sollte unsere kälteste Nacht sein – genießen wir die morgendlichen Sonnenstrahlen in vollen Zügen. Weiter geht es mit einer schlechten Schotterpiste, welche uns die letzte Müdigkeit aus den Knochen rüttelt. Der gebrochene Gepäckträger, den wir notdürftig repariert haben, meldet sich wieder. Kein Wunder, immerhin hat er vier Tage wildeste Pisten ausgehalten. Ein kleiner Gegenanstieg, den wir dank der ausgeruhten Muskeln recht locker bewältigen, bringt uns auf den mit über 3000 m höchsten je von uns mit dem Fahrrad erreichten Punkt. Die morgendliche Klarheit erlaubt uns grandiose Fernblicke, von den steilen, zackigen Bergen im Westen hinauf in die flacher werdenden Hochtäler des Nordens bis hin zu den Ausläufern der Rub al Khali, der großen Arabischen Wüste im Nordosten und Osten. Leider müssen wir feststellen, daß wir von der geplanten Route etwas abgekommen sind und nun direkt nach Amran gelangen werden. Egal, dann kann ich mir dort wenigstens meinen Gepäckträger schweißen lassen. Im Schneckentempo schrauben wir uns hinab, immer wieder halten wir an, um die vom andauernden Bremsen müde gewordenen Hände ausrasten zu lassen. Am späteren Vormittag haben wir es geschafft. Eine Teerstraße, die wir ausnahmsweise als angenehm empfinden, führt uns direkt in die rund 50 km von der Hauptstadt entfernte geschäftige Stadt.

Das pulsierende, hektische Treiben kommt uns auf die letzten, ruhigen Tage fast etwas fremd vor. Sind wir leutescheu geworden oder hat uns die Schüttelei der letzten Tage nicht gutgetan? Weder noch. Das Gefühl kenne ich bereits von anderen Reisen, aber auch von mehrtägigen Bergtouren in den heimatlichen Bergen. Es dauert immer eine gewisse Zeit, bis man sich auf das »normale« Leben umgestellt und eingelebt hat.

Amran bietet nichts Besonderes, so daß wir vor der Weiterfahrt nach Hajjah lediglich nach einem Mann mit Schweißapparat Ausschau halten. Entlang der Hauptstraße ist neben kleinen Mechanikerwerkstätten, Tischlereibetrieben, Elektrohändlern, aus deren kleinen Transistorradios wildes arabisches Gedudel dröhnt, auch das Eisenhandwerk vertreten. Da sich die Geschäftstätigkeiten fast ausschließlich im Freien abspielen, brauchen wir nur so lange zu fahren, bis uns ein Handwerker besonders vertrauenserweckend erscheint. So praktizieren wir es auch. Ein kleiner, fleißiger Jemenite mit dunkler Schweißerbrille, bei dem die Schweißfunken nur so vor Freude sprühen, scheint der Mann für uns zu sein. Wir zeigen ihm das Problem, und in kürzester Zeit ist der Schaden gegen eine winzige Summe behoben.

Voller Tatendrang verlassen wir gegen Mittag Amran und brausen die endlose Gerade aus der Stadt. Die Strecke nach Hajjah soll ja zu einer der landschaftlich schönsten des gesamten Landes zählen.

Als schwerer Brocken liegt ein 2800 m hoher Paß vor uns. Beklagen dürfen wir uns darüber aber nicht, denn hätten wir gestern die richtige Piste genommen, so wäre uns dieser Schinder jetzt erspart geblieben. Durch eine uninteressante Gegend ohne landschaftliche Höhepunkte erreichen wir die Paßhöhe. Kurz dahinter, bei einer Tankstelle, mündet die Piste vom Jebel Maswar ein, jene Strecke, die wir befahren wollten. Doch was soll's. Die Ausblicke nach dem Paß lassen uns schnell den Ärger darüber vergessen.

Schroffe, steile Gipfel und Grate, dazwischen tiefe, atemberaubende Schluchten, soweit das Auge reicht. Selten habe ich einen Anblick von wilder Schönheit so genossen wie hier. Auf der gegenüberliegenden Talseite, für uns noch weit entfernt, entdecken wir an einem steilen Berghang einige Häuser, bei denen es sich vermutlich um Hajjah handelt. Irgendwo dazwischen, durch das steile Gelände, führt die geschickt angelegte Straße hinunter in den Talboden, eine Meisterleistung im Bauwesen.

»Weißt du, daß es jetzt 1800 Höhenmeter in ein Tal hinab geht«, lache ich zu Stefan. Wir freuen uns darüber wie zwei kleine Buben, blödeln und necken uns gegenseitig, denn einige Tage liegt die letzte, rassige Abfahrt bereits hinter uns. Mit uns freuen sich unsere Waden, die in den vergangenen Tagen ständig im harten Einsatz gestanden sind.

Leise beginnen die Stollenreifen zu surren, warmer Fahrtwind streicht an uns vorbei. Nur zu Beginn liefern wir uns das übliche Rennen, bald bremsen wir uns ein, halten da und dort, um einen Blick in die Landschaft zu werfen. Wieviel Zeit hat wohl der Bau einer dieser verrückten, in steilstes alpines Gelände angelegten Strecken in Anspruch genommen? Die meisten der im Jemen gebauten Straßen wurden mit ausländischer Hilfe errichtet. So die Straße Sana'a – Taizz mit deutscher, die Strecke Sana'a – Hudaydah mit chinesischer und die Strecke Hudaydah – Taizz mit sowjetischer Hilfe, um nur einige Beispiele zu nennen.

Je mehr wir uns dem Talboden nähern, umso schwüler und unerträglicher wird die Hitze. Mit dem Erreichen des Talbodens glauben wir, durch eine riesige Saunakammer zu radeln. Der schmale Talboden gewährt uns nur eine kurze Verschnaufpause, dann folgt der Gegenanstieg nach Hajjah. 750 Höhenmeter. In den Bergen des Jemen bleibt einem auch gar nichts erspart. Zum Glück sind wir gesundheitlich und körperlich fit, denn mit Durchfall oder anderen Krankheiten wären Anstrengungen dieser Art kaum mehr zu bewältigen.

Bei der Hälfte des Anstieges werden wir von der Dunkelheit eingeholt. Da unsere Räder unbeleuchtet sind, heißt es ab sofort aufpassen. Trotz erhöhter Vorsichtsmaßnahmen werden wir aber in der kommenden Viertelstunde zweimal von schlecht beleuchteten Fahrzeugen um Haaresbreite gerammt, so daß wir das Vorhaben, bis in den Ort zu radeln, kurzfristig aufgeben und den Rest der Strecke auf der Ladefläche eines Fahrzeuges zurücklegen. Das erscheint uns, um den Rest der Reise miterleben zu können, wesentlich sicherer.

Bei den ersten Häusern verlassen wir das rettende Auto. Eine breite Straße mit Straßenlaternen führt ins Zentrum. Nicht schlecht, denke ich mir, aber die Augen fallen mir fast aus den Höhlen, als wir unvermutet auf einen Kreisverkehr mit einer Ampelregelung stoßen. Hier, inmitten der Bergwelt, sozusagen am »Arsch der Welt« – ein fast unglaubliches Bild.

Der Funduk am Ende der kleinen Stadt dient uns als Quartier für die Nacht. Die im Land üblichen und überall zu findenden Gemeinschaftsherbergen dienen dem herumreisenden, einfachen Jemeniten als Unterkunft für die Nacht. Nirgendwo kann der Ausländer mit Einheimischen besser in Kontakt treten als hier. Aber es ist nicht jedermanns Sache, eingeklemmt zwischen unzähligen Männern, wackeligen Bettgestellen, Unmengen von läuseverseuchten Matratzen sowie gluckernden Wasserpfeifen und einem scheppernden Fernseher seine Nachtruhe zu verbringen.

Obwohl wir sehr müde sind, ziehen wir noch eine kleine Runde durch die verwinkelten Gassen der Stadt. Zu kaufen gibt es hier in den winzigen Läden eigentlich alles, was das Herz begehrt. Aus fast jeder der höhlenartigen Verkaufsräume dringt unterschiedliches, lautes Geplärr von Fernsehern an die Ohren. Selbst die ältesten Händler der Stadt sind mit den »neumodischen« Geräten aus Fernost ausgerüstet. Ein köstliches Bild. Das mittelalterliche Treiben auf der einen Seite, modernste, technische Geräte des 20. Jahrhunderts auf der anderen Seite.

Erst spät ziehen wir uns an diesem Abend in unsere »Luxusunterkunft« zurück.

Nahe der Saudi-Arabischen Grenze

Abfahrt – Aufstieg – Abfahrt. Über dieselbe Route geht es zurück nach Amran. Auch wir sind uns im Anschluß einig, diese Strecke kann man ohne zu zögern zu den landschaftlich schönsten des Landes zählen.

Shaharah heißt ein hoch in den Bergen gelegenes und nur über eine schwierige Piste zu erreichendes kleines Nest, dessen Attraktion die im 16. Jahrhundert errichtete Fußbrücke ist, welche eine tiefe Schlucht überspannt und so die einzige Verbindung zu einem nahegelegenen Dorf darstellt. Unzählige Bilder in jedem Reiseprospekt sowie eine lange, kriegerische Geschichte haben den Ort zu einem »Muß« für den abenteuerlustigen Pauschaltouristen gestempelt.

Obwohl wir keine Freunde von solchen Plätzen sind, wollen wir versuchen, in das Dorf zu gelangen.

Amran haben wir in Richtung Norden, in Richtung Raydah verlassen und radeln ausnahmsweise einmal gemütlich durch weite, ebene Flächen, auf denen intensive Landwirtschaft betrieben wird. Abgase in Form von Rauchwölkchen zischen stoßweise von den Feldern in die Lüfte. Traktoren. Zum ersten Mal können wir den Einsatz dieser Maschinen im Land beobachten. Die Gegend ist sicher eine der wenigen ebenen Gebiete, auf denen die bei uns kaum wegzudenkenden Geräte eingesetzt werden können.

Hinter Raydah windet sich die Straße erneut in die Berge, gleichzeitig wird die Landschaft zunehmend trockener. Einige Kilometer vor Huth entdecken wir, dank der klaren Sicht fast zum Greifen nahe, die schroffen Berge des Shaharah-Massives. Irgendwo da hinten, versteckt, liegt unser kleines Nest, dem unser Interesse gilt. Bei einer kleinen Tankstelle verlassen wir die Hauptstraße. Vorsichtshalber erkundigen wir uns nach der Richtigkeit der Abzweigung. »Shaharah«, bestätigen uns einige mit russischen Kalaschnikows bewaffnete, gefährlich aussehende Männer und deuten in die von uns eingeschlagene Richtung. Na dann – das nächste Abenteuer kann beginnen.

Über eine breite, sehr staubige Piste holpern wir in Richtung Westen. Dem Staub nach ist hier in den letzten fünfundzwanzig Jahren kein Wassertropfen mehr vom Himmel gefallen. Durch

Oben: Nur wenige Zisternen sind heute noch in Gebrauch. Viele dieser Wasserspeicher sind bereits dem Verfall preisgegeben und werden durch neue, aus Blech gefertigte Speicher ersetzt.
Seite 88: Über Jahrhunderte anhaltende in- und ausländische Konflikte haben die Jemeniten dazu gebracht, sich selbst zu schützen. Die mit russischen Kalaschnikows bewaffneten Männer hinterlassen daher einen oft furchterregenden, ja kriegerischen Eindruck. In ihrem Herzen sind es aber freundliche, liebenswerte Menschen.

die andauernd gleichmäßigen Stoßdämpferschläge der Fahrzeuge wurde die ehemals vermutlich glatte Piste im Laufe der Zeit in ein wellblechartiges Brett verwandelt, das uns bei etwas schnellerer Fahrweise fast die Eingeweide aus dem Leib beutelt. Will man die Strecke ohne anhaltende geistige Schäden überstehen, so bleibt nur die Möglichkeit, über jedes einzelne Hügelchen behutsam hinwegzurollen. Wir entschließen uns für diese Variante, da wir über genügend Zeit verfügen und nicht alle zweihundert Meter das Gepäck neu festbinden möchten.

Mit irrem Tempo rasen plötzlich mehrere Staubfahnen auf uns zu. Wie sich bald herausstellt, handelt es sich um riesige Toyotas, die bis auf den letzten Platz mit Touristen vollgestopft sind. Die ersten Touristen seit Manakhah. Wie eine fremdartige Tierart im Zoo werden wir im Vorbeifahren aus den klimatisierten Geländewägen heraus beobachtet.

»In zwei Stunden werden diese Typen fein säuberlich aus der Dusche ihres Fünfsternehotels steigen, anschließend zum gedeckten Tisch marschieren, um sich irgend ein zusammengewürfeltes europäisches Menü zwischen die Rippen zu schmeißen«, lacht Stefan. »In zwei Stunden werden wir noch immer wie zwei eingepuderte Figuren dahinstrampeln und uns nach einem halbwegs ebenen Zeltplatz umsehen. Unser Menü wird nur aus zwei Gängen bestehen, entweder Suppe mit Brot oder Fisch mit Brot. Geduscht wird erst in ein, zwei, vielleicht auch erst in drei Wochen. Und dennoch möchte ich nie und nimmer mit diesen Leuten tauschen. Weißt du auch warum?« sage ich fragend zu Stefan. »Weil wir heute einen wunderschönen Sonnenuntergang erleben werden, weiterhin nette Kontakte zu den Einheimischen knüpfen und das Land auf dem Rücken unserer Drahtesel einfach besser sehen und erleben.«

Die Wirklichkeit sieht ähnlich aus. Im letzten Licht der untergehenden Sonne bauen wir unsere Behausung auf, und nachdem wir uns die Bäuche vollgeschlagen haben, unterhalten wir uns recht köstlich mit einigen Einheimischen, die in der Zwischenzeit schwer bewaffnet unseren Platz belagert haben. Anstelle von angenehmer Nachtmusik entschlafen wir unter dem Gejaule von Hunden.

Vorsichtig nähert sich uns am kommenden Morgen ein jüngerer Jemenite, der unweit unseres Platzes mit dem Schneiden von Hirse beschäftigt ist, und bittet uns um Feuer. Wir händigen ihm eins unserer Streichhölzer aus, und im Nu entfacht er aus zusammengetragenen, dürren Zweiglein ein kleines Feuer, hält ein paar kleine Maiskolben darüber und wartet geduldig, bis diese gar sind. Für die »Hilfe« beim Frühstück erhalten wir die ersten Stücke, die mit ein bißchen Salz vorzüglich schmecken. Wir revanchieren uns, zur besonderen Freude des Jemeniten, mit einem Feuerzeug als kleines Geschenk.

Trotz der frühen Morgenstunde reißt uns die Hitze fast vom Sattel. Steil geht es von der kahlen Hochfläche hinab in eine Ebene, in der ein kleines Dorf liegt. Aus der Karte und einem Buch läßt sich der Dorfname nicht entnehmen. Egal, Hauptsache wir haben für einige Minuten Schatten. Wie schon so oft sind wir in Kürze von der gesamten Dorfjugend umringt. Inter-

Seite 91: Vorsichtig nähert sich uns am Morgen ein jüngerer Jemenite, der unweit unseres Zeltplatzes mit dem Schneiden von Hirse beschäftigt ist. Üblicherweise werden die Felder zweimal im Jahr bestellt, wobei Hirse während der Sommermonate, sowie Getreide während der Wintermonate angebaut wird.

essanterweise findet der Großteil der Kinder besonderen Gefallen an Stefans Rad, vermutlich deshalb, da er Besitzer einer Glocke ist, welche ein herrliches Spielzeug ergibt und ohne Unterbrechung betätigt wird. Da nützt auch kein Verscheuchen, im Handumdrehen hängen die Kinder erneut wie eine Traube an den Rädern.

Im Anschluß an das Dorf beginnt wieder das nette Spiel mit den verschiedenen Abzweigungen, und erneut hilft uns der Fahrer eines entgegenkommenden Jeeps aus der Patsche. Von Kilometer zu Kilometer nimmt die Dürre zu, nur mehr spärlich gedeihen noch Sträucher, die hier der Erde die letzte Feuchtigkeit entziehen. Einige Kühe, bis auf die Knochen abgemagert, werden von kleinen Kindern sorgsam gehütet. Auch sie versuchen, da und dort noch etwas Grünes zu erhaschen. Gegen Mittag tauchen zu unserer Überraschung einige Hütten und Zelte auf – und ehe wir uns versehen, sind wir bei einem Militärlager angelangt. Sofort werden wir nach dem Wie und Woher befragt, Reisepaß sowie sämtliche Genehmigungen genauestens kontrolliert. Auf unsere Frage nach Shaharah deuten einige der Uniformierten weit nach Südwesten. Auch das noch.

Ein besonders schlauer Jemenite, der mit uns sein großes Geschäft wittert, bietet uns seinen Fahrdienst nach Shaharah zum Preis von 600 Rials an. Lieber würden wir die Strecke kriechen, als dem Halsabschneider die Summe zu bezahlen. Sauer bis über beide Ohren verlassen wir das militärische Gebiet. Bei der Retourfahrt fällt uns die Trockenheit dieses Gebietes erst so richtig auf. Vereinzelt finden sich einige verwegen aus Ästen und Hölzern zusammengewürfelte Hütten in der steppenartigen, zum Teil sogar sandig, wüstenähnlichen Ebene. Nicht nur an den Hütten erkennen wir einen gewissen afrikanischen Einschlag, auch die dunkle Hautfarbe und das gekrauste Haar zeigt die Herkunft der hier unter einfachsten Bedingungen lebenden Menschen.

Im Schatten eines kleinen Baumes warten wir, nun hoffentlich an der richtigen Abzweigung, auf ein Fahrzeug, das uns in das erwähnte Dorf mitnehmen soll. Wie aus dem Nichts tauchen plötzlich ein paar Mädchen und Buben auf, postieren sich wortlos einige Meter vor uns und beglotzen uns von oben bis unten. Als ich meine Mundharmonika hervorkrame und die ersten Klänge ertönen, rücken die Kinder näher und lauschen angespannt der Musik. Zwei, drei Stunden vergehen, ohne daß ein

Auto die Piste passiert. Sage da jetzt noch einer, daß wir nicht genügend Geduld bewiesen hätten. Anscheinend will es nicht sein, daß wir nach Shaharah kommen, so daß wir den Plan schließlich aufgeben. Stefan ist darüber sehr glücklich, da er touristische Ansammlungen überhaupt nicht ausstehen kann.

Durch weite Geröllebenen, die hin und wieder von einer gebirgigen Erhebung unterbrochen werden, strampeln wir weiter nach Norden. Ortschaften gibt es so gut wie keine mehr, ebenfalls sind die herrlichen Terrassenkulturen mit einem Mal verschwunden. Der spärliche Niederschlag verhindert in dieser Region jede Form der Landwirtschaft. Erst weiter nördlich, im Gebiet von Sa'dah, stößt man auf das notwendige Grundwasser, welches ganzjährig eine ausreichende Bewässerung ermöglicht und somit ein reichhaltiges Angebot an Gemüse liefert. Leider hat der ständige Einsatz der Dieselpumpen den Grundwasserstand bedenklich zurückgedrängt, so daß man heute noch nicht sagen kann, wie die Bewässerung in einigen Jahren aussieht.

Wenige Kilometer vor Sa'dah werden wir, wie schon so oft auf längeren Etappen, von der Dunkelheit überrascht. Auch im Norden des Landes sind die Fahrzeuge nicht besser beleuchtet, so daß unsere Augen mehr hinter dem Rücken als vor uns zum Einsatz kommen.

Eine kilometerlange, von Verkaufsläden und Werkstätten überhäufte Straße, meterhoch im schwachen Scheinwerferlicht aufwirbelnder Staub – so präsentiert sich uns die Stadt mit den ersten Bildern. Kein kleines Städtchen, sondern eine modernere, größere Stadt.

Der Tag beginnt mit einem Rundgang auf der vollständig erhaltenen Stadtmauer. Von hier erhalten wir zunächst einmal die besten Einblicke in die verwinkelten Gassen und Straßen sowie Höfe und Wohnungen der Altstadt. Auffällig und bekannt ist die Bauweise der Häuser, die in diesem Teil des Landes nicht aus Stein, sondern aus Lehm erbaut werden. Dabei wird ein Gemisch aus Erde, Lehm und Wasser zu einem Brei vermischt und zu Wülsten geformt.

Jede Schicht muß zuerst trocknen, bevor die nächste darübergelegt wird. Die Bauweise, die als Stampflehmbauweise bezeichnet wird, wurde vom heimischen Architekten Kaita nach Nordafrika gebracht, wo heute noch unzählige Bauwerke an diese Form der Baukunst erinnern.

Von einem Standpunkt im nordöstlichen Teil der Mauer

Die Stadt Sa'dah nahe der saudi-arabischen Grenze lag einst an einem bedeutenden, nord-südlich verlaufenden Handelsweg. Bis heute ist Sa'dah das Zentrum des nördlichen Jemen und gleichzeitig wichtigster Handelsplatz für den Warenverkehr nach Saudi-Arabien geblieben.

reicht der Blick auf das uns umgebende Sa'dah-Becken und weiter in Richtung Arabische Wüste. Erst in jüngster Zeit wurden nahe des Ölgiganten Saudi-Arabien Ölvorkommen entdeckt, von denen man aber noch nicht genau weiß, ob sie ertragreich sind oder nicht. Mit ziemlicher Sicherheit aber ist die späte Entdeckung ein Grund, warum die Jemeniten der Industrialisierung entgangen sind und dadurch ihre alten Sitten und Bräuche bewahren konnten.

An der nächstmöglichen Stelle verlassen wir die Stadtmauer und stürzen uns in das quirlige Leben des Souk. Die Stadt, die seit dem 16. Jahrhundert besteht, ist das Zentrum des nördlichen Jemen und auch heute noch ein wichtiger Handelsplatz auf dem Weg von und nach Saudi-Arabien. Sofort fällt einem das reichhaltige Angebot an technischen Waren aller Art auf, Waren, die großteils aus dem Nachbarland herübergeschmug-

Die Häuser im Norden des Landes werden nicht aus Stein, sondern in der sogenannten »Stampflehmbauweise« aus Lehm errichtet.

gelt werden. Der Wert der illegal eingeführten Waren soll rund eine Milliarde Dollar pro Jahr betragen.

Von den alteingesessenen Gewerben der Gerberei und der Waffenherstellung ist in den alten Gassen nicht mehr viel übriggeblieben. Lediglich einige jüdische Händler verkaufen alten Silberschmuck, ein Handwerk, das seit der Abwanderung der Juden ebenfalls an Bedeutung verloren hat.

Ein penetranter Geruch von Fisch dringt uns in die Nase. Fisch, so weit abseits des Meeres? Als wir um die Straßenecke biegen, rennen wir fast in einen alten Leiterwagen, der von Meeresfrüchten überquillt. Da der Markt von Sa'dah, wie bereits erwähnt, meilenweit vom Meer entfernt liegt, haben sich bereits auf dem Transport, welcher mit Sicherheit ohne jegliche Kühlung erfolgte, ganze Heerscharen von Fliegen dazugesellt, welche die Ware bis jetzt beaufsichtigt haben. Das scheint den Verkäufer, einen jüngeren, baumlangen Schwarzen, aber nicht im geringsten zu stören. Im Handumdrehen werden mit ein paar Sprühern aus einer Insektenvertilgungsflasche die lästigen

Tiere für die nächsten paar Sekunden verscheucht. Da das ganze noch nicht die erhoffte Wirkung erzielt hat, wird der Vorgang gleich noch einmal wiederholt. Stefan und ich können uns bei den soeben erlebten Bildern kaum vor Lachen halten, vor allem, als wir dabei auf das Thema heimatliche Lebensmittelbestimmungen zu sprechen kommen.

Durch ein Gewirr von Menschen, Karren und Tieren schieben und zwängen wir uns in eine Art Hof, in dem der Fleischmarkt abgehalten wird. In verfliesten, voneinander abgetrennten Nischen sitzt ein Metzger neben dem anderen, jeder vor sich einen Sack mit Banknoten liegend. Unzählige, übereinanderliegende Tierhäute und -köpfe zeugen von einem blutigen, aber auch ertragreichen Vormittag. Da ein Moslem kein Fleisch essen darf, das nicht zur Gänze ausgeblutet ist, werden die Tiere, hauptsächlich Schafe und Rinder, geschächtet, das heißt, es wird ihnen die Kehle aufgeschnitten und so lange gewartet, bis das Blut zur Gänze ausgelaufen ist. Schweinefleisch wird man auf arabischen Märkten vergeblich suchen, da einem Moslem der Genuß dieses Fleisches streng verboten ist.

Auf dem Rückweg in unser Quartier kommen wir durch Zufall am Katmarkt vorbei, einen Markt, der vor grünen, frischen Stauden nur so leuchtet. Bei einem Händler, der seine Ware auf dem Auto anbietet und unserer Meinung nach besonders saftige Zweige verkauft, decken auch wir uns mit einem Bündel ein. Sofort verstummt jeglicher Lärm in unserem näheren Umkreis, Dutzende glänzende Augenpaare sind mit einem Schlag auf uns gerichtet. Das ist ihnen wohl noch nie, zumindest aber sehr selten passiert, daß Ausländer die für das Land so typischen Blätter kaufen. Mit einem prüfenden Blick untersuchen wir etliche der verschnürten Zweige, suchen nach den jungen, öligen Blättern, von denen man sagt, daß sie die beste Qualität haben. Dann endlich haben wir unseren Strauch. Zufrieden über den Kauf schieben wir uns durch eine fröhlich lachende Menge.

Seite 97: Märchenhaft thront der auf einem Felskegel erbaute Felsenpalast Dhar el Hashar im Wadi Zhar, einer ganzjährig grünen Oase nahe der Hauptstadt Sana'a. Das 1930 von Imam Yahyah (1904–1948) errichtete Gebäude diente dem Herrscher als Sommerresidenz und soll neuesten Überlegungen zufolge in ein Hotel umfunktioniert werden.

Zurück nach Sana'a

Heute ist Sonntag, der Tag des Wochenmarktes. Alles, was sich noch irgendwie auf den Beinen halten kann, ist unterwegs in die Stadt. Jung und Alt, Händler und Käufer.

Wir haben beschlossen, nach Huth zurückzufahren, um einen zweiten Anlauf nach Shaharah zu starten. Um nicht unnötig Zeit zu vergeuden, möchten wir die bereits geradelte Strecke mit Hilfe eines Fahrzeuges retourfahren.

Vor den Toren der Stadt nehmen wir Aufstellung. Das Unterfangen gestaltet sich jedoch zu Beginn schwieriger als wir geglaubt haben, da kaum ein Fahrzeug am Markttag, noch dazu zu so früher Stunde, die Stadt Richtung Süden verläßt. Allah scheint aber mit den zwei ärmlichen Kreaturen am Wegesrand Erbarmen zu haben und schickt uns einen alten Peugeot-Kombi.

Gut hundert Meter nach uns kommt das Fahrzeug, vermutlich dank der guten Bremsen, zum Stillstand. Hörbar wird der Retourgang eingelegt, und schon steht das Vehikel neben uns. Ein winziger, klapperdürrer Jemenite mit dunkler Sonnenbrille klettert aus dem Wagen. Lässig deutet er, nachdem er uns nach dem Ziel gefragt hat, in das Wageninnere, so als wolle er sagen – steigt ein, der Wagen ist ja erst halbvoll. Tatsache ist, daß bereits acht Personen im Auto sitzen und wir schon den Verdacht hegen, auf dem Dach oder im Auspuff mitgenommen zu werden. Aber in Ländern wie dem Jemen geht eben alles. Geschickt werden unsere Räder auf dem Dach befestigt, einige Einheimische hin- und hergeschoben und wir dann irgendwo dazwischen hineingequetscht. Während wir aus allen Nähten ächzend mit einem Affenzahn durch die Landschaft breschen, bleibt uns Zeit, die verschiedenen Menschentypen im Sammeltaxi näher zu beobachten.

Als totaler Gegensatz kauern neben dem Fahrer zwei uralte jemenitische Männer, denen Wind und Wetter die Gesichtshaut in ein lederähnliches Material verwandelt hat. Ihr starrer, stur geradeaus gerichteter Blick verrät, daß sie entweder noch nicht sehr oft mit einem Fahrzeug gefahren oder mit der jetzigen Geschwindigkeit nicht ganz einverstanden sind. Dahinter, in der zweiten Reihe, kauern zwei besser gekleidete

Herren, vielleicht Kaufleute, die bei jedem Stopp unseres Gefährts besorgniserregend auf die Uhr blicken. Neben ihnen kramt ein Ehepaar andauernd in den zahlreich mitgeführten Taschen herum. Schließlich, in der dritten Reihe, döst ein junger, intelligent wirkender Bursche. Wir beide sitzen daneben, die Knie mittlerweile fast bis in Augenhöhe angezogen. Froh, diese Fahrt mitgemacht zu haben, verlassen wir in Huth das Sammeltaxi. Der anfängliche Auftrieb wird an der Kreuzung nach Shaharah durch die Ankunft einiger Touristenjeeps von einer Sekunde zur anderen zunichte gemacht. Jetzt haben wir endgültig die Schnauze voll, so interessant kann das Felsennest gar nicht sein, daß es die Summe der Touristen aufwiegt. Wieder verladen wir unsere Drahtesel auf die Ladefläche eines Jeeps. Die Fahrt mit dem unter Kateinfluß stehenden Fahrer gestaltet sich als wahre Höllenfahrt, bei der wir nicht nur einmal um Zentimeter einem Unfall entgehen. Auch ein in einem Felsen steckender Lkw, dessen Führerhaus total zertrümmert am Straßenrand liegt, kann unseren Bruchpiloten nicht von seinem bisherigen Tempo abhalten. Käsebleich wechseln wir rund 15 km vor der Hauptstadt auf unsere Räder.

Unser heutiges Etappenziel ist das in Richtung Osten führende Wadi Zhar, ein ganzjährig grünes Tal, das wegen dem auf einem Felsen thronenden Palast weithin bekannt ist. Abgegrenzt von steilen Felswänden links und rechts des Tales schlängelt sich die Straße entlang saftig-grüner Weingärten und Katfelder. Eine wahre Oase inmitten steiniger Landschaft. Auch für unsere Augen.

Hinter Garia, einem kleinen Ort, in dem wir uns wieder einmal nur durch einen waghalsigen Sprint vor der heranstürmenden Dorfjugend retten können, zweifeln wir langsam an der Richtigkeit des Weges. Noch immer ist weit und breit kein Palast in Sicht. Einige Minuten später sind alle Zweifel mit einem Male wie weggeblasen. Wie aus dem Nichts kommend wächst plötzlich ein Felsen vor uns aus dem Boden, auf dem der alles überragende Felspalast steht.

Im herrlichen Licht werden alle unsere bisherigen Vorstellungen noch weit übertroffen. Wir steigen ab, schauen und bestaunen das fast märchenhaft anmutende Gebäude, das in den dreißiger Jahren unseres Jahrhunderts erbaut wurde und dem Imam Yahyah als Sommerresidenz diente.

Bei den Spaziergängen in den umliegenden Gärten ergeben sich von den verschiedenen Standpunkten immer wieder neue Einblicke, die den Palast völlig anders erscheinen lassen. Erst spät, als die Sonne bereits hinter der steilen Felskante verschwunden ist, setzen wir den Weg fort.

In Serpentinen schraubt sich die Straße an einer unterbrochenen, die Felswand leicht überwindbaren Stelle den Berg empor. Noch einmal genießen wir im Abendlicht vom oberen Rand des Abbruches einen letzten, beeindruckenden Blick über das gesamte Wadi.

Die Lichter der Stadt Sana'a bereits vor Augen schlagen wir etwas abseits der Fahrbahn unser Zelt auf. Trotz der Nähe von Sana'a verbringen wir noch einmal eine Nacht unter sternklarem, jemenitischen Himmel, um die vielen schönen Eindrücke und Erlebnisse der letzten Wochen in aller Ruhe verarbeiten zu können.

Autogehupe, das Geklapper von Hufen, knarrende, unter ihren Lasten ächzende Leiterwagen, Stimmengewirr – Sana'a hat uns wieder. Ein einfaches, sauberes Hotel in der Nähe des Hauptplatzes dient uns als Quartier für die nächsten Tage, die wir großteils mit dem Erledigen der Post und natürlich der weiteren Erkundung der Stadt verbringen.

Die nacheinander einsetzenden Rufe der Muezzins von den unzähligen Minaretten der Stadt reißen mich nach einer unruhigen Nacht aus dem Schlaf. Wie spät ist es? Huch, erst knapp vor fünf Uhr. Von den täglichen, fünfmaligen Rufen des Muezzins, welcher die Gläubigen an das Gebet erinnern soll, bleibt einem jener am Morgen bei Sonnenaufgang am meisten in nachhaltiger Erinnerung.

Die Religion, der weltweit fast eine Milliarde Menschen angehören, entstand im 7. Jahrhundert n. Chr. und wurde durch Mohammed, den Propheten des Islams, geboren. Er, der Sohn einer Kaufmannsfamilie, fühlte sich als letzter Prophet und verkündete gegenüber der Öffentlichkeit jene Dinge, nach denen Gott zu ihm gesprochen haben soll. In seiner Heimatstadt Mekka erklärte er die Kaaba zum Heiligtum des Glaubens, und so entwickelte sich die Stadt zum

Seite 100/101: Bei einem Spaziergang durch die Gassen und Gäßchen von Sana'a wird man unweigerlich mit seinen Gedanken um Jahrhunderte zurückversetzt.

Zentrum des Islams. Innerhalb von nur zwanzig Jahren gelang es ihm, die gesamte Arabische Halbinsel zu diesem Glauben zu bekehren. Seine Verkündigungen wurden im Koran festgehalten, und es ist für einen Gläubigen oberstes Gebot, die fünf grundlegenden Pflichten des Islams einzuhalten. Dazu gehören das Glaubensbekenntnis, jenes Bekenntnis, daß es außer Allah keinen Gott gibt, das tägliche fünfmalige Gebet, weiters der Fastenmonat Ramadan, die einmal im Leben durchzuführende Pilgerfahrt nach Mekka sowie das Almosengeben an Arme.

Als Reisender wird man außer dem bereits erwähnten Ruf gegebenenfalls im Fastenmonat Ramadan mit dem Glauben konfrontiert, da der Moslem während dieser Zeit von Sonnenaufgang bis Sonnenuntergang weder essen, trinken, rauchen oder Katkauen darf und die meisten Geschäfte und Restaurants erst am Abend nach Sonnenuntergang ihre Tore öffnen.

Da wir nun einmal so zeitig auf sind, beginnen wir den Tag auch dementsprechend. Ein Spaziergang durch die Altstadt von Sana'a begeistert mich immer wieder aufs neue. Diese Stadt beeindruckt nicht nur durch das eine oder andere Bauwerk, sondern vielmehr durch ihr gesamtes mittelalterliches Stadtbild, und sie wird zu Recht von Kennern als schönste Stadt Arabiens bezeichnet.

Die Gründung Sana'as reicht weit zurück, denn einer Geschichte nach, die bis heute nicht widerlegt ist, soll ein Sohn von Noah die Stadt gegründet haben. Schriftlich erwähnt wurde Sana'a in den Jahren zwischen 200 und 300 n. Chr. Die im Bereich von wichtigen Verbindungswegen gelegene Stadt war bereits seit frühester Zeit ein Zentrum des Handwerkes und des Handels. Obwohl immer eine der bedeutendsten Städte des Landes, wurde sie von den Sabäern lediglich als Sammelplatz und Ausgangspunkt für Feldzüge gegen die kriegerischen Stämme des Küstengebietes sowie gegen die Himjaren benutzt. Erst im Anschluß an diese Zeit, als das Land unter ausländischer Herrschaft stand, und wiederum später, während der Zeit der Imame, jenen Herrschern, die zugleich religiöses und staatliches Oberhaupt in einer Person waren, wurde Sana'a zur Hauptstadt ernannt, wechselte sich aber oft mit anderen Orten wie Jiblah, Sa'dah, Zabid oder Taizz ab.

Da Sana'a über Jahrhunderte an der Trennlinie rivalisieren-

der Bereiche lag, war es immer wieder Auseinandersetzungen und damit verbundenen Plünderungen und Bränden ausgesetzt. Nur wenige Gebäude haben den ständigen Angriffen standgehalten, so daß das heutige Stadtbild von Bauwerken aus dem 18. und 19. Jahrhundert geprägt wird.

Was mir auf den ersten Erkundungsgängen gar nicht so aufgefallen ist, sind die unzähligen, wunderschön geschnitzten Holzerker, die, manchmal kleiner, manchmal größer, wie Schwalbennester an den Häusern kleben. Bei den größeren handelt es sich um Ausgucke für die Frauen, die so, uneinsehbar von außen, am Stadtleben teilnehmen können. Die kleineren Balkone dienen der Kühlung von Trinkwasser, das mit Hilfe von porösen Töpfen und der vorbeiziehenden Luft erreicht wird.

Eine halbgeöffnete, hölzerne Tür in das Innere eines Hofes erweckt unsere Neugierde. Kaum daß wir einen Schritt, geschweige denn einen Blick über die Schwelle geworfen haben, laufen bereits einige barfüßige Jemeniten, aufgeregt gestikulierend, auf uns zu. Der Grund ist uns soeben selbst klar geworden, wir haben aus Versehen den Innenhof einer der unzähligen Moscheen betreten, einer jener Plätze, die von Nicht-Moslems nicht betreten werden dürfen. Unsere kurzen, verstohlenen Blicke haben bereits genügt, um zu sehen, mit welcher unglaublichen Hingabe sich die Gläubigen auf die Knie werfen, um Allah, ihren Gott, anzubeten.

Seit dem Tod von Mohammed im Jahre 632 n. Chr. wurde der Glaube beibehalten, ohne je seine Eigenart zu verlieren.

Seite 104: Herrlich leuchten die von der UNESCO unter Denkmalschutz gestellten, mehrere Stockwerke hohen Wohnhäuser im Zentrum von Sana'a mit ihren weißen Stuckornamenten, den in Gips eingefaßten, leuchtenden Buntgläsern sowie den kunstvoll geschnitzten Holzerkern.

Seite 105: Manchmal kleiner, manchmal größer hängen die Holzerker wie Schwalbennester an den Häusern. Bei den größeren handelt es sich um Ausgucke für die Frauen, die so, uneinsehbar von außen, am Stadtleben teilnehmen können. Die kleineren Balkone dienen der Kühlung des Trinkwassers, das mit Hilfe von porösen Töpfen sowie der vorbeiziehenden Luft erreicht wird.

Der verbotene Ausflug

Erholt und mit frischen Kräften verlassen wir nach zwei Tagen die Hauptstadt in Richtung Süden. Ohne irgendwelche landschaftlichen Reize strampeln wir fast den ganzen Tag lang dahin. Nicht über Langeweile beklagen können sich dagegen die Waden, die uns in ständigem Auf und Ab entlang nicht-enden-wollender Hochflächen und über drei Pässe nach Yarim bringen.

Lange überlegen wir, ob wir die Strecke Damt – An Nadirah – As Saddah überhaupt befahren sollen, da wir die Orte beim Ausfüllen der Reiseerlaubnis nicht angegeben haben. Schließlich siegt wieder einmal die Neugierde, außerdem – erschießen wird man uns ja nicht gleich.

Wie ausgewechselt präsentiert sich die Landschaft seit dem Verlassen der Hauptstraße. Grüne, saftige Felder sind nach einem eher trockenen Tag ein wahrer Genuß. Das breitere, zum Teil flache Tal erlaubt eine landwirtschaftliche Nutzung ohne den Bau von Terrassen.

Ein wunderschöner Sonnenuntergang, der die Landschaft in völlig neue, teilweise kitschige Farben hüllt, bildet den Abschluß eines langen Tages im Sattel. Für uns ist es das Zeichen, sich langsam nach einem Schlafplatz umzusehen. Da wir aber laut Karte kurz vor Ar Radmah sind, treten wir noch einmal kräftig in die Pedale. »Irgend so einen lausigen Funduk werden wir dort schon aufgabeln«, sage ich zu Stefan. Ja, im wahrsten Sinn des Wortes lausig, aber um sich eine Nacht um die Ohren zu schlagen, reicht es völlig aus. Bald haben wir die Ortschaft erreicht. Eine Gruppe älterer Männer erklärt uns den Weg zu dem versteckt liegenden Funduk, einem Raum, der bei näherer Betrachtung eher einer Garage mit darin aufgestellten Pritschen ähnelt.

Todmüde fallen wir an diesem Tag in unsere Schlafsäcke. Bereits in den frühen Vormittagsstunden befinden wir uns kurz vor Damt. Wie ein riesiger Monolith ragt ein abgeschnittener Felskegel mitten aus dem Talboden heraus. Dieser sowie einige kleinere Krater im Umkreis sind im ganzen Land wegen ihrer heißen Quellen bekannt, denen man eine besondere Heilwirkung nachsagt. Für uns ist es Zeit, sämtliche zur

Oben: Bei der im Norden des Landes üblichen Stampflehmbauweise wird ein Gemisch aus Erde, Lehm und Wasser zu einem Brei vermischt und zu Wülsten geformt. Dabei muß jede Schicht zuerst trocknen, bevor die nächste darübergelegt werden kann.
Unten: Die traditionelle Architektur im gebirgigen Teil des Jemen ist das Steinhaus mit vier bis sechs Stockwerken.

Oben: Diese Bauweise wurde im 14. Jahrhundert vom jemenitischen Architekten Khaita nach Mali in Afrika gebracht und ist dort zum Vorbild für die mittelalterlichen Bauten der afrikanischen Sahelländer sowie der marokkanischen Kasbahs geworden.
Unten: Bei den im Haraz-Gebirge auf Bergkuppen errichteten Ortschaften sind die Häuser so dicht gebaut, daß ihre Außenwände natürliche Stadtmauern ergeben.

Zusammenhängende Waldflächen wird man heute im Jemen vergeblich suchen, denn der über Jahrhunderte andauernde Raubbau des Menschen hat aus dem ehemals stark bewaldeten Land ein Gebiet mit spärlichem Pflanzenwuchs geschaffen.

Verfügung stehenden Wasserbehälter aufzufüllen, denn vor uns liegen über 50 km ungewisse Piste, auf der wir je nach Zustand auch mehrere Tage beschäftigt sein können.

Direkt vor dem Ort biegen wir ab. Eine tadellose Piste nimmt uns auf. Die Temperatur hat seit einiger Zeit enorm zugenommen, was sicher auf die Nähe der trockenheißen Wüstengebiete zurückzuführen ist. Flache, mitunter sogar abwärts führende Streckenabschnitte wechseln sich mit kurzen, aber äußerst steilen Anstiegen ab. Der tiefe Untergrund zwingt uns immer wieder, die Räder zu schieben. So geht es stundenlang dahin. Gierig wie zwei halb Verdurstete hängen wir immer öfter mit unseren Lippen an den Trinkflaschen. Keine Silbe wird über die schweren Wassersäcke vergeudet, jetzt sind wir froh um jeden mitgeführten Tropfen. Wasser, jene klare durchsichtige Flüssigkeit, die in unseren Breitengraden nach einem Handgriff aus der Leitung sprudelt, gewinnt – je trockener die Gegend ist – mehr und mehr an Bedeutung, ja es kann mitunter sogar zu einem lebenserhaltenden Gut werden. Verdeutlicht wird uns die Situation durch die Tatsache, daß Kakteen die anfangs noch wachsenden Sträucher fast zur Gänze abgelöst haben.

Aber auch in den regenreicheren Gebieten des Landes wird man zusammenhängende Waldflächen vergeblich suchen, denn der über Jahrhunderte andauernde Raubbau des Menschen, Holz als Bau- und Brennmaterial zu verwenden, hat aus dem ehemals stark bewaldeten Land ein Gebiet mit spärlichem Pflanzenwuchs geschaffen.

Um die Mittagszeit erreichen wir ein kleines Nest, das für uns eine Insel im unendlichen Ozean bedeutet. Ausgelaugt bis auf die Knochen werfen wir uns in den Schatten einer kleinen Hütte, um ein paar kühlere Minuten zu verbringen. Ein plötzlich vor uns stehender, baumlanger Schwarzer, der in eine weiße Djellabah gekleidet ist, redet uns in gebrochenem

Heute wird das als Bau- und Brennmaterial verwendete Holz aus entlegenen Gebieten – meist jedoch aus Europa – herangebracht und auf dem Markt zu teuren Preisen angeboten.

Englisch an. Es dauert nicht lange, und wir sind mit dem freundlichen Hünen in ein angeregtes Gespräch verwickelt. Ohne lange zu zögern, lädt er uns in sein kleines Häuschen ein. Außer sich vor Freude über die unerwartete Begegnung sprudelt es aus ihm nur so heraus. Er erzählt uns, daß er aus dem nahen Sudan kommt und hier – dreimal darf geraten werden – einen dreijährigen Dienst als Lehrer verrichtet. Aha, wieder einmal ein Lehrer. Während er über den total unterentwickelten Jemen schimpft, blitzen uns ständig zwei strahlend weiße Zahnreihen entgegen. Innerlich muß ich über die von ihm kritisierte »Unterentwicklung« lachen, da sein Heimatland selbst zu den ärmsten und am wenigsten entwickelten Ländern unserer Erde zählt. Für uns ist das Gespräch interessant, da wir dank der gemeinsamen Sprachkenntnisse einige Neuigkeiten über Land und Leute erfahren, nur eben aus einem völlig neuen Blickwinkel. Am Nachmittag wird es für uns Zeit. Das Angebot, einen Tag bei ihm zu bleiben, würden wir liebend gern annehmen, aber wir möchten heute noch ein Stück des Weges zurücklegen.

Die staubige Piste nimmt uns erneut in ihre Fittiche. Einzige Abwechslung in der monoton wirkenden Landschaft bilden die vereinzelt hoch über unseren Köpfen aufragenden, zerrissenen Felszacken.

Ein riesiger Kakteenwald, hinter dem sich gerade dunkle Wolken zu riesigen Türmen ballen, zieht meine Augen an. »Das möchte ich fotografieren«, rufe ich meinem vor mir fahrenden Freund nach, und schon sause ich mit der Kamera los. Gerade als ich mit der Einstellung der Kamera beschäftigt bin, vernehme ich plötzlich ein weit entferntes Motorengeräusch. Kurz darauf, Sekunden, vielleicht auch Minuten sind mittlerweile vergangen, dringt auf einmal aufgeregtes Stimmengewirr an mein Ohr. Über die Störung etwas verärgert, werfe ich einen uninteressierten Blick über die Schulter und sehe, wie ein Einheimischer, vermutlich in der Annahme, daß ich ihn fotografieren möchte, wild gestikulierend von der Ladefläche eines Jeeps seine Kalaschnikow auf mich richtet

Seite 112: Da die Häuser in den unteren beiden Stockwerken nicht bewohnt sind – diese werden als Vorratsräume verwendet – haben Haustüren einen eisernen Klöppel, mit dem sich die Besucher bemerkbar machen.

und in Anschlag nimmt. Innerhalb des Bruchteiles einer Sekunde sind Wolken und Kakteen vergessen, denn jeden Moment kann sich auf der holprigen Piste, mit Unterstützung eines unruhigen Fingers, ein Schuß lösen, der mich auf der Stelle in Allahs Reich befördern könnte. Um sämtliche Unklarheiten aus dem Weg zu räumen, lasse ich meine Kamera in den Tragriemen fallen und nehme vorsichtshalber die Arme hoch. Sekunden, die mir wie eine Ewigkeit erscheinen, vergehen, ohne daß etwas passiert, und so plötzlich wie der Jeep hinter einer Geländekante aufgetaucht ist, verschwindet er hinter einem Hügel. Ziemlich verdattert schleiche ich, nachdem ich das Foto doch gemacht habe, zu Stefan zurück. »Was hättest du gemacht, wenn der Kerl mich abgeknallt hätte?« frage ich erwartungsvoll meinen Freund. Stefan denkt kurz nach, und während er auf sein Rad steigt, langsam die ersten Pedalumdrehungen macht, meint er schmunzelnd: »Ich wäre aufgestiegen, weitergefahren und hätte mir gedacht, daß ich den blöden Hund jetzt endlich losgeworden bin!« »Na warte, wenn ich dich kriege«, rufe ich ihm nach. Für ein kurzes Stück ist unsere Müdigkeit vergessen, und es beginnt ein rasantes Rennen.

Die gute Laune wird einige Kilometer weiter durch eine jäh vor uns auftauchende Straßensperre getrübt. »Scheiße, so kurz vor dem Ziel«, bringe ich gerade noch hervor, da stehen wir bereits vor den auf dem Boden herumlungernden, schwerbewaffneten Männern. Das Wort Tasrih,[1] das über die Lippen es einen, nicht gerade freundlich wirkenden Soldaten zischt, trifft uns wie ein Blitz aus heiterem Himmel. Warum nur haben wir in Sana'a beim Ausfüllen unserer Genehmigung gerade dieses Stück nicht angegeben. Ich weiß es nicht. Im Augenblick nützt kein warum und wenn, jetzt müssen wir dem Mann das Papier vorlegen.

Unsicher kramen wir eine unserer zerdrückten Kopien hervor. Zeile für Zeile suchen seine Augen nach den Orten »An Nadirah« und »As Saddah«, jedoch vergeblich. Ein böser Blick ersetzt die Frage nach den beiden von ihm vermißten Worten. Mit Händen und Füßen versuchen wir zu erklären, daß wir die Genehmigung für Yarim und Ibb ja besitzen und der Beamte in der Hauptstadt vermutlich vergessen hat, un-

1 Genehmigung

sere beiden Orte einzutragen. Noch mehr verfinstert sich die Miene des Grünmännchens, das Gesicht scheint langsam die Farbe seiner Uniform anzunehmen. Voll Zorn zerreißt er unser wertvolles Stück Papier.

Jetzt geht es uns an den Kragen, denke ich mir. Entweder man sperrt uns ein oder schickt uns wieder zurück.

Der bislang beteiligungslos danebenstehende Zweite verlangt auf einmal Einsicht in unser Gepäck. Warum auch nicht, soll er haben. »Denen ist nur langweilig«, murre ich zu Stefan, während ich bereits mit Genuß meine stinkenden, drei Wochen alten Socken vor der Nase des Uniformierten hin- und herfächere. Bis auf das letzte Stück müssen wir alles aus- und anschließend wieder einpacken.

Ein unvermutetes »Masalama«[1] klingt wie Musik in unseren Ohren. Am liebsten wären wir den beiden um den Hals gefallen, aber... Ein freundliches »Masalama« unsererseits – und innerhalb weniger Augenblicke sind wir nur noch als Punkte am Horizont wahrzunehmen.

Hinter der Ortschaft An Nadirah schlagen wir auf einer steinigen Terrasse unser Lager auf. Heute haben wir im wahrsten Sinne des Wortes Glück gehabt.

Buntes, lustiges Treiben empfängt uns am kommenden Tag in As Saddah. Gedämpft durch den gestrigen Vorfall, ist mir trotz des bunten Markttreibens, welches das Herz eines jeden Fotografen höherschlagen ließe, gar nicht so nach fotografieren zumute, so daß wir nach einer kurzen Erholung die letzten Kilometer bis zur Hauptverbindung nach Taizz zurücklegen.

Gleich hinter der Einmündung beginnt die Straße auf den 2800 m hohen Sumarah-Paß anzusteigen. Gott sei Dank liegt die Durchschnittshöhe ab Yarim bei rund 2400 m, so daß wir uns nur knappe 400 Höhenmeter emporarbeiten müssen. Ein angenehmes, frisches Lüftchen und ein fantastischer Ausblick auf die umliegenden Täler entschädigen uns auf dem Paß in vollen Zügen. Auf der Abfahrt ins Tal beginnt sich der Himmel zu verdunkeln, und nach kurzer Zeit regnet es. Zunächst nur in vereinzelten Tropfen, die mit dem Staub einen gefährlichen, rutschigen Untergrund ergeben, die aber dann langsam in einen heftigen Regenschauer übergehen. Nichts, nicht einmal ein riesiges Hinweisschild hätte uns den Eintritt in das

1 Auf Wiedersehen

regenreichste Gebiet des Landes besser anzeigen können. Aufgeweicht bis auf die Knochen erreichen wir den Talboden. Wären wir zu Hause, würden wir jetzt vermutlich erbärmlich frieren, hier im Jemen empfinden wir es nur als eine angenehme Abkühlung.

Schlagartig hat ein fast ungewohnter Verkehr eingesetzt. Zu Wundern brauchen wir uns darüber nicht, ist die Strecke doch die Hauptverbindung zwischen den großen Städten des Südens und der Hauptstadt Sana'a. Mit dem zunehmenden Verkehr werden wir immer öfter zu Ausweichmanövern auf der Fahrbahn gezwungen. Der Grund dafür sind die unzähligen, auf der Straße herumliegenden, zusammengefahrenen Hunde. Da die armen Geschöpfe als unrein und somit zu den verachteten Tieren des Landes zählen, bereitet es vor allem Lenkern größerer Fahrzeuge großen Spaß, die auf der Straße stehenden Tiere mit vollem Tempo anzuvisieren und mit den riesigen Reifen mit einem Schlag auf den Asphalt zu pressen.

Die Gegend zwischen Ibb und Taizz, welche die mit Abstand kunstvollsten Terrassenkulturen des Landes beherbergt, verdankt ihre Stellung als Zentrum des »Grünen Jemen« der überdurchschnittlich hohen Niederschlagsmenge und dem ganzjährig idealen Klima.

Das Ergebnis sind nicht selten halbangefahrene Tiere, die ihre übel zugerichteten, mitunter teilweise aufgerissenen Hinterteile unter kaum vorstellbaren Qualen nachschleppen. Wir beide sind über diese Brutalität schockiert, können aber als Gäste des Landes keinerlei Partei gegen dieses Verhalten ergreifen. Während wir gemütlich Kilometer für Kilometer durch saftig grünes Ackerland strampeln, entdecken wir plötzlich hoch über uns die an einem Berghang liegende Stadt Ibb, eine inmitten von Feldern gelegene Stadt. Da wir bereits ziemlich müde sind, kommt uns ein langsam daherkriechender, schwer beladener Lkw auf den letzten Metern gerade gelegen. Ein paar schnelle Tretbewegungen – und schon krallen sich unsere Hände in die links und rechts der Bordwand angebrachten Griffe. Mit dem Erreichen der Stadt ist es aber noch nicht Schluß für heute. Unser Etappenziel ist das über eine kurvenreiche Piste erreichbare, rund zehn Kilometer entfernte Städtchen Jiblah. Die Gegend um Ibb, welche die mit Abstand kunstvollsten Terrassenkulturen des Landes beherbergt, verdankt ihre Stellung als Zentrum des »Grünen Jemen« der überdurchschnittlich hohen Niederschlagsmenge und dem ganzjährig idealen Klima. Daher finden wir gerade in diesem Abschnitt zwischen Ibb und Taizz übervolle Gemüsemärkte, auf denen Kartoffeln, grüner Salat, Tomaten, Getreide und etliche Dinge mehr angeboten werden.

Da ich am kommenden Morgen von starken Bauchschmerzen geplagt werde, kommt mir der eingelegte Rasttag sehr gelegen. Über eine alte Steinbrücke, die angeblich aus dem 15. Jahrhundert stammt, und glatte, abgewetzte Steinstufen spazieren wir in die Altstadt von Jiblah. Das schöne Bild des Stadtkernes bleibt auch hier nicht durch herumliegenden Müll verschont, da es, wie in den meisten Städten des Landes keine Müllabfuhr gibt und die Abfälle ausnahmslos aus den Häusern in die Gassen befördert werden. Für Sandalenträger gestalten sich somit Stadtbesichtigungen oft recht abenteuerlich, will man nicht alle paar Meter mit seinen Zehen in irgendeinem Dreckhaufen stecken.

Über enge, steile Gassen, welche die bis zu fünf Stockwerke hohen Häuser trennen, landen wir bei einer Moschee. Es ist, wie sich herausstellt, die unter Königin Arwa im 11. Jahrhundert entstandene und nach ihr benannte Arwa-Bint-Ahmed-Moschee. Das Besondere an diesem heiligen Gebäude ist

neben den schlanken Ziegelsteinminaretten die Tatsache, daß die Innenräume außerhalb der Gebetszeiten auch für Nicht-Moslems zugänglich sind. Wir nützen diese seltene, fast einmalige Gelegenheit, ziehen uns, wie es so üblich ist, die Schuhe aus und betreten den Innenhof. Andächtig, auf ihren Unterschenkeln hockend, beten die Gläubigen, ein jeder an einem anderen Ort, jedoch alle Richtung Mekka schauend. Fast unheimlich ist die uns umgebende Stille, bei der wir ohne Probleme das Fallen einer Nadel vernehmen könnten. Nur ab und zu wird die Ruhe durch leises Gemurmel der Betenden oder neu eintretende Gläubige unterbrochen. Ein von dicken Säulen getragener, offener Gang dient uns als Wegweiser zur Gebetshalle. Wunderschöne Teppiche schmücken den bunten, kühlen Mosaikboden, ansonsten besticht der Raum durch seine Einfachheit. Da die Religion Abbildungen von Menschen verbietet, sucht man in islamischen Moscheen überladene Figuren oder Bilder vergeblich. Beeindruckt von der Gesamtheit der Anlage, verlassen wir nach einiger Zeit die Moschee. Jetzt ist eine kleine Wanderung auf die gegenüberliegende Talseite gerade das Richtige, um das soeben Gesehene wirken zu lassen. So genießen wir nach einem kurzen Anstieg einen herrlichen Ausblick auf die eng ineinander verschachtelte, ehemalige Hauptstadt des Jemen. Als wir wieder unser Quartier erreichen, das wir scherzhalber »Funtel« getauft haben (Mischung aus Funduk und Hotel), machen sich auf einmal Hörprobleme bei mir bemerkbar. Da ich damit bereits öfter konfrontiert wurde, versucht Stefan, mit einer der mitgeführten Spritzen und mit Hilfe von Wasser meine Ohren zu spülen. Doch vergeblich, nichts rührt sich. So wechsle ich erwartungsvoll in die kleine Klinik am Ortseingang, erhalte dort aber nur einige Tropfen, die den gehörgangversperrenden Pfropfen lösen sollen.

Mit einem höchst unangenehmen Gefühl, da ich die halbe Zeit nichts höre, verlassen wir Jiblah. Als Morgengymnastik wartet, wie könnte es im Jemen anders sein, der 2400 m hohe Sayyani-Paß. Zum Glück geht die Straße nach dem Paß durch angenehmes, hügeliges Gelände, so daß wir gute Fahrt machen. Ein Stück vor Taizz biegen wir nach links auf eine

Seite 118: Jiblah, die ehemalige Hauptstadt des südlichen Jemen, gehört wegen seiner Lage zu den schönsten Städten im Jemen.

Schotterstraße ab. Eine schlechte, holprige Piste und ein unfreundlicher Jemenite am Militärcheckpoint erschweren uns den Zugang zur Moschee von Al Janad.

Im 7. Jahrhundert erbaut, zählt sie heute neben der Großen Moschee in Sana'a nicht nur zu den ältesten des Landes, sondern auch zu den drei ältesten der islamischen Welt. Leider sind die Tore, so vermuten wir, nur zu Gebetszeiten geöffnet, so daß wir uns mit einer Außenansicht der Anlage begnügen müssen.

Einige kleine Buben führen uns zu den Waschanlagen, die zwar noch recht gut erhalten, aber ziemlich ungepflegt sind. Früher als erwartet legen wir die letzten Kilometer nach Taizz zurück.

Das Hospital von Taizz ist immer einen Besuch wert

Die Stadt empfängt uns in dichtestem Abendverkehr. Die vielen Industriebetriebe am nördlichen Stadtrand verdeutlichen, daß Taizz mit seinen rund 200.000 Einwohnern nicht nur die zweitgrößte Stadt des Landes, sondern überhaupt die wichtigste Stadt des Südens ist. Ungewohnt des dichten Verkehrs, der Menschenansammlungen und der modernen Häuser kämpfen wir uns suchend und herumfragend in Richtung Zentrum vor, wo wir auch schließlich und endlich eine billige Unterkunft finden.

Noch immer haben sich meine Ohren nicht beruhigt, so daß uns der erste Gang am kommenden Morgen zum städtischen Hospital führt. Da der hygienische Standard in Krankenhäusern der Dritten Welt meist unter jeder Kritik ist, betrete ich das stattliche Gebäude mit etwas weichen Knien und einem mulmigen Gefühl in der Magengegend. Lange, düstere Gänge nehmen uns auf, in denen es vor Menschen nur so wimmelt. Das kann ja heiter werden. Über vermummte, auf dem Boden kauernde Frauen, die meist nur in Begleitung ihres Mannes Krankenhäuser besuchen, entlang aufgeregt plaudernder Männer und schreiender Kinder zwängen, steigen und schieben wir uns auf der Suche nach der Abteilung für Ohrenkrankheiten durch die Gänge. Ein gemütlich daherspazierender Angestellter in einem weißen Mantel kommt uns gerade gelegen und erklärt uns den richtigen Weg. Auch im ersten Stock bietet sich uns das gleiche Bild. Herumlungernde, wartende Menschen, soweit das Auge reicht. Während wir uns bereits auf eine längere Wartezeit eingestellt haben, werde ich plötzlich von hinten an der Hand gepackt, gleichzeitig angesprochen, und schon stehen wir in einem alt eingerichteten, schmuddelig wirkenden Zimmer vor dem Arzt, einem Chinesen. Nach einem kurzen »Hello« und dem »Warum« erzähle ich ihm in einfachen englischen Worten mein Problem. Ohne lange zu überlegen verläßt unser spindeldürrer Arzt für wenige Augenblicke den Raum und steht dann, bewaffnet mit einer jener typischen Krankenhausschüsseln und einer gut dreißig Zentimeter langen, leicht angerosteten Nadel wieder vor mir. Beim Anblick des Mordinstrumentes stellt es mir blitzartig die Gänsehaut auf. Wüßte ich nicht von vorangegangenen Eingriffen, was damit gemacht wird, ich würde vermutlich verkehrt den Raum verlassen. So kann ich mir eigentlich »nur« eine Infektion holen, überlege ich kurz, während der Doktor bereits gemütlich in den Gehörgängen herumwerkelt. Nach kurzer Zeit ist alles erledigt, jedes Rascheln und Knistern wird wieder wahrgenommen, mit einem Wort – ich höre wieder wie ein Luchs.

Ein Abstecher auf einen Hügel der Neustadt gewährt uns einen guten Einblick zur Orientierung. Uns zu Füßen liegt die Altstadt mit der im 14. Jahrhundert erbauten Ashrafiya Moschee, ein Bauwerk, das bis heute in seiner ursprünglichen Form erhalten geblieben ist. Hinter der Zitadelle, einer für Touristen unzugänglichen Festung, erhebt sich der alles überragende, 3000 m hohe Jebel Sabir.

Immer wieder war die Stadt Hauptstadt des Landes, unter der Herrschaft von Imam Achmad, dem letzten Herrscher, bis in das Jahr 1962.

Durch das Bab Kabir, eines der erhalten gebliebenen Stadttore, schlendern wir hinein in die Altstadt, hinein in den Souk. Wie bereits auf dem Markt in Sana'a überrascht auch hier ein reichhaltiges Angebot von Sachen aller Art. Engpässe bei der Versorgung sind nahezu unbekannt, obwohl der Nordjemen laut Statistik zu den Ländern mit der geringsten Entwicklung zählt.

Auffällig gegenüber anderen Märkten im Jemen ist, daß der Souk nicht nur von männlichen, sondern auch von unverschleierten weiblichen Verkäuferinnen bevölkert wird. Mit ihren roten, eigenartig um den Kopf herumgeschlungenen Kopftüchern, den Hosen und den darüber getragenen bunten Kleidern verleihen sie der Marktszene eine ganz spezielle Note.

Am späten Nachmittag, wir sind gerade auf dem Heimweg von einem Moscheebesuch, werden wir plötzlich von nahem Menschengejohle aus dem Gespräch gerissen. Ein Stück weiter, beim Einbiegen in eine Straße, erfahren wir den Grund. In einem total überfüllten Fußballstadion wird soeben ein Spiel ausgetragen. Gespannt verfolgen wir durch die engen Gitterstäbe des stark verriegelten Einganges unser erstes arabisches Match. Als uns ein Betreuer einer Mannschaft entdeckt, öffnet man uns die Tore, und im Nu stehen wir am Rand des Spielfeldes. Es ist uns sogar vergönnt, wenige Minuten später hautnah ein Tor zu erleben. Vergeblich warten wir auf die lautstarke Verkündung des Tores über das Mikrophon, auch keine elektronische Anzeigentafel zeigt den Spielstand an. Solche neumodischen Dinge gibt es im Jemen noch nicht.

Mit dem Schlußpfiff endet für uns ein nettes Erlebnis. Langsam wird es Zeit, zurückzuwandern, nachdem wir uns für den kommenden Tag die Besteigung unseres ersten dreitausend Meter hohen Berges im Jemen vorgenommen haben.

Zeitig am Morgen bringt uns ein Sammeltaxi zum Bab Kabir, dem Abfahrtsort für Fahrten ins Jebel Sabir-Gebiet. Einige Verhandlungskünste betreffend den Fahrpreis sind erforderlich, bevor wir ein Fahrzeug gefunden haben, welches uns ein Stück des Weges abnehmen soll, denn die Höhendifferenz von hier bis zum Gipfel beträgt gute 1600 Höhenmeter. Gleich hinter den letzten Häusern von Taizz beginnt eine schlechte, ausgefahrene Piste, auf der unser zum Bersten überfülltes Vehikel nur mit Mühe nach oben klettert. Vorbei an kleinen Ansiedlungen und Feldern, auf denen unverschleierte Frauen geschäftig ihrer Arbeit nachgehen. Aufgrund der Steilheit der Strecke legen wir innerhalb kürzester Zeit einen gewaltigen Höhenunterschied zurück. Immer wieder bieten sich uns auf der ausgesetzten Strecke, vor allem in den engen Kehren, atemberaubende Blicke hinunter auf die Stadt Taizz. Bei einer Weggabelung im oberen Teil des Massives wandern wir zu Fuß weiter. Obwohl wir uns bereits in einer Höhe von 2500 bis 2700 m befinden, entdecken wir überall ausgedehnte, herrlich angelegte Kat-Terrassen. Wie wir später einmal erfahren, zählt das Kat des Jebel Sabir mit zur besten Qualität des Landes. Ein Stück unterhalb des Gipfels legt sich das Gelände zurück, es wird mit einem Male flacher und hügelig. Dörfer reihen sich aneinander, aus denen uns immer wieder bettelnde Kinder nachlaufen. Hier heroben ist eine eigene, in sich geschlossene Welt. Wüßte man nicht, daß sich das ganze in einer Höhe von fast 3000 m abspielt, man würde es wohl kaum erraten. Wieder einmal taucht vor uns eine jener unerwarteten Straßensperren auf. Man wird wohl nicht... Oh ja, man wird.

Ein sehr freundlicher Soldat erklärt uns mit Händen und Füßen, daß das Gelände rund um den Gipfel militärisches

Sperrgebiet ist und wir den Gipfel daher nicht betreten dürfen. Was können wir dagegen tun – gar nichts. Schweren Herzens wandern wir das letzte Stück zurück. Mitunter kann auch der leichteste, dreitausend Meter hohe »Hausberg« zu einem unüberwindlichen Hindernis werden.

Da die Gegend zum Wandern einlädt, ist der Gipfel bald vergessen. Wir genießen die Ruhe und Einsamkeit, plaudern da und dort mit einigen Einheimischen und ärgern uns über die teilweise sehr aufdringlichen Kinder. Erst spät am Nachmittag brechen wir wieder in Richtung Tal auf. Das letzte, langweilige Stück hinunter nach Taizz versuchen wir, per Autostopp zurückzulegen. Kurze Zeit sitzen wir am Pistenrand, als sich uns zwei aufwirbelnde Staubfahnen nähern. Wenig später rauscht der erste Wagen mit einem Höllentempo an uns vorbei, auf der Ladefläche ein gutes Dutzend sich krampfhaft festhaltende Einheimische, denen es fast ihre bunten Tücher vom Kopf reißt. Schotter wirbelt durch die Luft, minutenlang sind wir in eine Staubwolke gehüllt, heilfroh, daß der verrückte Lenker nicht angehalten hat.

Der nachfolgende Geländewagen, der noch voller ist, hält an. Na ja, so voll ist er auch wieder nicht. Auf der Stoßstange ist noch genügend Platz für einige Leute. Außerdem ist es für den Fall des Falles vorteilhafter, auf der Stoßstange zu stehen. Kaum daß unsere Füße darauf Platz gefunden haben, brausen wir bereits zu Tal. Eine von uns durchgeführte schnelle Volkszählung ergibt zweiundzwanzig Menschen auf dem Vehikel. Das ganze auf einer Fläche von zwei mal eineinhalb Metern. Nicht schlecht. Nur Sardinen werden vermutlich noch enger und platzsparender in den Dosen untergebracht. Über riesige im Weg liegende Steine schaukeln wir hin und her, nicht nur einmal ist dabei unser Fahrzeug in den engen Kurven dem Umkippen nahe. Ein technischer Defekt oder ein kleiner Fahrfehler hätten auf dieser Strecke fatale Folgen. Man darf nur nicht daran denken. Die sich lustig unterhaltenden Jemeniten scheint das nicht im geringsten zu stören, für sie ist es eine Fahrt wie jeden Tag. Kurz vor Einbruch der Dunkelheit erreichen wir wohlbehalten den Ausgangspunkt, das Bab Kabir.

Zum Kältepol des Landes

Gute 70 km im Süden von Taizz, nahe der südjemenitischen Grenze, befindet sich At Turbah, ein Ort, der allgemein als kältester Punkt des Landes bezeichnet wird. Was liegt näher, als dort hinzustrampeln und sich vor der bevorstehenden Hitzeschlacht an der Küste noch einmal kräftig »abzukühlen«. Durch das Wadi Dabàb, einen saftig grünen »Garten«, in dem Bananenbäume, Papaya und Kaffeesträucher gedeihen, geht es bergauf und bergab. Fast gewinnen wir den Eindruck, als ob die Straße nicht weiß, was sie will. Aber dann scheint sie sich entschieden zu haben und zeigt uns die Zähne, denn bis auf wenige kurze Stücke geht es für die nächsten Stunden nur noch bergauf. Also wieder nichts mit einem gemütlichen Tag. Ein neben der Straße aufloderndes Feuer und einige auf einem einfachen Gestell stehende, kohlrabenschwarze Pfannen, in denen ein recht uriger Typ blitzschnell herumrührt, erinnern uns an das Mittagessen. Warum eigentlich nicht, wer weiß, wann die nächste Garküche auftaucht. Da es bereits spät ist und wir die einzigen Gäste sind, werden wir mit einer Spezialportion »Foul« bewirtet.

Als wir uns nach Verlassen der gastlichen Stätte behäbig auf die Räder setzen, quatscht uns ein Einheimischer, der gleich nebenan Installationssachen vertreibt, an. Wir kommen ins Gespräch, und so mir nichts dir nichts lädt uns der sympathische Händler zum Katkauen ein. Diese Art der Einladung bedeutet für einen Fremden eine große Ehre, die er nie abschlagen sollte. Ein kurzer Handschlag mit den bereits anwesenden Männern, dann lungern auch wir gemütlich auf den typischen, dafür vorgesehenen Pölstern inmitten riesiger Bündel Katstauden. Mit der bis jetzt gewonnenen Erfahrung suchen wir uns die saftigsten und öligsten Blätter heraus, kauen sie und schieben sie anschließend in die Backen. Dazwischen müssen wir immer wieder die vielen neugierigen Fragen beantworten. Es wird ein lustiger Tag, ein Tag, an dem uns zum ersten Mal bewußt wird, welche riesigen Mengen von Blättern in einer jemenitischen Backe Platz finden. Erst spät am Nachmittag löst sich die Gesellschaft langsam auf, und jeder geht seiner gewohnten Tätigkeit nach.

Hinter Najd an Nashamah, einem kleinen, pulsierenden Marktort, erhalten wir die ersten Einblicke auf die vor uns liegende Bergkette. Irgendwo da weit hinten, zwischen den hohen, spitzen Bergen, noch Dutzende Kilometer entfernt, da liegt At Turbah. Spät in den Nachtstunden erreichen wir den Ort. Da sich Stefan seit einiger Zeit nicht besonders wohl fühlt, beschließen wir, in einem Funduk zu übernachten. Zum Glück, denn in der Nacht bekommt Stefan hohes Fieber und schweren Durchfall. Da mein Freund bis zu diesem Zeitpunkt über keinerlei gesundheitliche Probleme klagen konnte, warten wir mit der Eingabe von Medikamenten vorerst einmal ab.

Am Morgen fühlt sich Stefan zwar besser, aber immer noch nicht fit. Ich rate ihm, noch einige Stunden zu rasten, vielleicht ist es im Anschluß besser. So mache ich mich alleine auf den Weg und wandere über kleine, staubige Gassen aus dem Ort hinaus. Der Ort, der auf einem 1800 m hohen Plateau liegt, ist nicht nur für seine kühlen Temperaturen bekannt, wesentlich bekannter ist seine einzigartige Lage an einer Steilklippe. Je mehr ich mich der Geländekante nähere, umso mehr steigt die Spannung. Endlich, ein Stück vor mir scheint sich etwas anzukündigen, und es dauert nicht lange, da stehe ich vor einem gähnenden Abbruch, erschrokken und fasziniert zugleich. Ich setze mich auf einen Stein, genieße und beobachte die Landschaft. Einige hundert Meter bricht das Plateau hinter den letzten Häusern des Ortes fast senkrecht in eine Felswand ab. Träume ich bereits oder sehe ich richtig? Aus dem darunterliegenden Tal führt eine waghalsig angelegte Piste mitten durch die Felsen hinauf auf das Plateau, auf der sich soeben ein Fahrzeug nach oben bewegt. Meine Augen wandern weiter nach Süden, genau gegenüber entdecke ich kleine, steile Terrassen, die aus der Entfernung wie kleine Treppen wirken, die auf einen Berg führen. Noch weiter wandert mein Blick hinunter nach Süden, verzweifelt suche ich das Bab al Mandab, jene Schmalstelle im Roten Meer, welche den Ausgangspunkt hinein in den Golf von

Seite 127: At Turbah, auf einem 1800 m hohen Plateau gelegen, hat den Ruf als kältester Ort des Landes. Das am Rande einer Steilklippe liegende Dorf ist aus dem darunter entlangführenden, tief eingeschnittenen Tal nur über eine abenteuerliche Piste zu erreichen.

Aden bildet. Leider bleibt der strategisch so wichtige Platz an diesem Tag hinter einem leichten, undurchsichtigen Schleier verborgen.

An der Kante des Abbruches wandere ich ein Stück weiter. Plötzlich entdecke ich auf einem winzigen Absatz inmitten der steilen Wand einen sich bewegenden Punkt. Beim Blick durch mein Teleobjektiv erkenne ich eine Frau, die, fast uneinsehbar von oben, an einem Rinnsal mit dem Waschen ihrer Wäsche beschäftigt ist. Warum die Frau den versteckten und sicher schwierig zu erreichenden Punkt ausgesucht hat, ist mir bis heute ein Rätsel geblieben, das ich höchstens mit einer bestehenden Quelle in Verbindung bringen kann.

Wieder zurück, ist der erste Weg zu meinem erkrankten Freund. Stefan fühlt sich dank einiger Tabletten erheblich besser, so daß wir unsere Reise gemütlich fortsetzen können.

Seite 129: Die Jemeniten sind ein sehr stolzes Volk, was ihre Herkunft, Religion und das Land betrifft. Abfällige Äußerungen über Land, Leute und Religion sollten daher bei einem Gespräch unbedingt vermieden werden.

Im Backofen der Küste

Tihama – heiße Erde, so wird der rund dreißig bis fünfzig Kilometer breite Küstenstreifen des Roten Meeres genannt, der sich vom Golf von Aqaba auf einer Länge von zweitausend Kilometer bis zum Bab al Mandab entlangzieht.

Savannenähnlich, zum Teil aus weiten, windverwehten Sandflächen präsentiert sich die Landschaft dem Besucher. Eine hohe Luftfeuchtigkeit und Temperaturen zwischen 40 und 50 Grad ergeben für Europäer ein Klima, das nur äußerst schwierig zu ertragen ist.

Für uns beide ist es mit Abstand jenes Gebiet, vor dem ein sehr großes Fragezeichen steht. Erstes Ziel am Roten Meer ist Mukha (gesprochen »Mocha«), jener Ort, von dem der bei uns erhältliche Kaffee seinen Namen bekommen hat. Versandete Ruinen und zerfallene Paläste, Häuser ehemals angesehener Kaufleute, sind die spärlichen Zeugen der einst so reichen Stadt.

Begonnen hat die Geschichte für Mukha bereits im 16. Jahrhundert. Überall fand man damals jenen wilden Strauch aus der äthiopischen Provinz Kaffa, der im Jemen, dank des idealen Klimas, bis in Höhen von zweitausend Metern prächtig gedieh und zur Kulturpflanze »Coffea Arabica« gezüchtet wurde. Im 18. Jahrhundert war das Land das einzige Kaffee-Exportland, und so entwickelten sich im Laufe der Zeit einige Städte zu wichtigen Orten für den Handel. Bayt al Faqih wurde zum wichtigsten Umschlagplatz und die Stadt Mukha wichtigster Ausfuhrhafen. Die Türken, die den Jemen im 16. Jahrhundert eroberten, lernten dieses »schwarze« Getränk kennen und brachten es in ihre Heimat. In Istanbul entstanden die ersten Kaffeehäuser, wenig später auch in anderen europäischen Hauptstädten. Die arbeitsintensive Bebauung und die Monopolstellung ließen die Preise für Kaffee mit der Zeit aber ins Unermeßliche steigen. Trotz eines Ausfuhrverbotes für Kaffeepflanzen gelang es den Kolonialmächten Mitte des 19. Jahrhunderts, die Kaffeesträucher in ihre Kolonien zu bringen und anzupflanzen. Auch dort gedieh der Strauch, und bald konnte der Jemen mit den herrschenden niedrigen Preisen nicht mehr konkurrieren. Der Handel verlor, ebenso wie die Hafenstadt Mukha, an Bedeutung.

Heute ist der Ort ein kleines, verfallenes, schmutziges Fischerdorf, in dem sich nur mehr wenige Menschen aufhalten.

Wir haben inzwischen die letzten Häuser vor dem Meer erreicht. An allen Ecken und Enden lungern dunkelhäutige, in eine Art Rock gehüllte Männer herum und verfolgen neugierig, wie könnte es anders sein, die zwei Verrückten auf ihren Fahrrädern. In einer Art Funduk, einem schmuddeligen Raum, in dem einige wackelige Bettgestelle herumstehen, quartieren wir uns ein. Erst jetzt, seit wir keinen Fahrtwind mehr um den Körper spüren, macht sich die enorme Hitze so richtig bemerkbar. Der Schweiß rinnt uns in Strömen vom Leib, die T-Shirts kleben wie nasse Tücher an der Haut.

Nach Einbruch der Dunkelheit tasten wir uns die letzten paar Meter hinaus zum Strand, um die letzten Stunden eines langen Tages in aller Ruhe verbringen zu können. Kaum daß wir uns im Sand niedergelassen haben, huschen einige Schatten in der Dunkelheit um uns herum. Eigenartig, was hat das zu bedeuten? Während wir krampfhaft in die Dunkelheit starren, steht plötzlich ein kleiner, schmächtiger Einheimischer vor uns und bietet uns in gebrochenem Englisch Bier an. Bier, das klingt wie Musik in unseren Ohren. Seit einigen Wochen haben wir keinen einzigen Schluck dieses kostbaren Gerstensaftes mehr gesehen, geschweige denn getrunken. Wir geben eine kurze »Bestellung« auf, und im Nu ist unser Lieferant wieder in der Dunkelheit verschwunden. Nach dem Handel mit Kaffee hat das kleine Städtchen heute wiederum sehr große Bedeutung erlangt, diesmal jedoch für den Schmuggel von Alkohol. Mit sogenannten Dhaus, den Segelschiffen der Einheimischen, wird die Ware vom benachbarten afrikanischen Kontinent herübergeschifft und hier an Land gebracht. Der Alkohol, meist handelt es sich dabei um Bier oder Whisky, wird anschließend in die größeren Städte, zum Teil bis nach Saudi-Arabien gebracht, wo er zu horrenden Preisen verkauft wird.

Seite 132/133: Die vom afrikanischen Kontinent nur rund 70 km entfernte Küste des Jemen hat die dort lebenden Menschen dazu bewegt, mit ihren Dhaus, den Segelbooten, Erkundungsfahrten durchzuführen und sich da und dort niederzulassen. So ist der größte Teil der heute im Küstenbereich lebenden Menschen afrikanischer Abstammung.

Es dauert nicht lange, erneut huscht ein Schatten daher, und vor uns kniet unser Lieferant mit einem vollen Sack mit Bierdosen. Da der Besitz und Genuß von Alkohol in islamischen Ländern strengstens verboten ist, ähnelt der Kauf dem eines hochkarätigen Drogengeschäftes. Aufgeregt blicken die Augen des Verkäufers während der Bezahlung links und rechts. Die Angst, von der Polizei erwischt und ins Gefängnis gesteckt zu werden, sitzt wahrscheinlich jedem der Schmuggler tief in den Knochen. Sekunden nachdem unser Mann verschwunden ist, ertönt plötzlich lautes Stimmengewirr hinter uns. Bevor wir den ersten Schluck genießen können, wird unser Lieferant von einer zivilen Streife der Polizei festgenommen. Uns gelingt es gerade noch, das »Beweismaterial« im Sand zu vergraben. Erst nachdem sich die Lage beruhigt hat, buddeln wir das edle Getränk wieder aus, um es genüßlich in unsere trockenen Kehlen rinnen zu lassen.

Um die Kühle des Morgens auszunutzen, schälen wir uns

Nach Mukha beginnt eine glattgewalzte Piste, auf der wir dank des kräfigen Rückenwindes enorme Fahrt machen. Die in diesem Landstrich lebende afrikanische Bevölkerung lebt so wie eh und je in Rundhütten aus Stroh.

Als Schattenspender willkommen tauchen immer wieder Marabouts, Kuppelgrabdenkmäler ehemals heiliger und angesehener Männer auf.

bereits zeitig aus den staubigen Decken des Funduks. Aber es ist umsonst, beim Aufsitzen auf unsere Drahtesel treffen uns die ersten Sonnenstrahlen bereits wie ein Schlag. Von einigen Einheimischen, die wir nach der richtigen Abzweigung befragen, werden wir wegen unseres Vorhabens, entlang der Küste über eine schwierige Piste in das siebzig Kilometer entfernte Dorf Khawkhah zu gelangen, nur kopfschüttelnd angeschaut. »Nur für Toyota«, lautet ihre Antwort, also nur für Allradautos. Na ja, wir werden ja sehen, umkehren können wir ja immer noch.

Bei einem außerhalb liegenden Kraftwerk endet das kurze Stück Asphalt. Eine glattgewalzte Piste, auf der wir dank des kräftigen Rückenwindes enorme Fahrt machen, nimmt uns auf. So läßt es sich recht angenehm radeln, von mir aus könnte es bis nach Khawkhah so weitergehen. Dem ist aber leider nicht so. Einige Kilometer weiter ändert sich der Streckenzustand, die Piste wird immer tiefer und sandiger. Absteigen, schieben, aufsteigen. Ein Spiel, das sich immer öfter wiederholt, vor allem, wenn wir in eine der verwehten Weichsandstellen einfahren. Ein vor uns auftauchender Marabout, jene Kuppelgrabdenkmäler ehemals heiliger und angesehener Männer, kommt uns für einige schattigen Minuten gerade recht.

Im Anschluß an den nur wenige Häuser zählenden Ort Yakhtul radeln wir direkt hinaus ans Meer. Ein saftig-grüner, bis ans Wasser reichender Palmengürtel hat das trockene, savannenähnliche Gelände abgelöst. Malerisch liegt das kleine, verträumte Dorf Mulk (gesprochen »Molk«) dazwischen an der Küste. Fischerboote schaukeln gemächlich in den niedrigen Wellen, einige nur leicht bekleidete Männer sind gerade mit dem Flicken ihrer zum Teil recht löchrigen Netze beschäftigt. Ein Stück vor der Küste, im seichten Gewässer, ist ein Mann bei der Arbeit, seine spärliche Beute aus dem im Kreis ausgelegten Netz einzusammeln. Da die Hitze mittlerweile fast unerträglich geworden ist, nützen wir den Platz für eine ausgedehnte Rast. So wie wir am Strand ange-

Mit den letzten Dörfern enden leider auch die herrlichen Pfade. Als letzten Ausweg versuchen wir unser Glück im feuchten Sand direkt am Meer, aber auch dort versinken die Räder immer wieder bis zu den Felgen.

An der Küste stoßen wir neben afrikanischer Architektur auch auf islamischen Bausstil, der zum Teil auf die im 19. Jahrhundert erfolgte türkische Belagerung zurückzuführen ist.

kommen sind, mit T-Shirt, kurzer Hose und Turnschuhen, werfen wir uns in die Fluten, spülen uns den Staub vom Körper und genießen das seit Wochen vermißte Naß. »Hoffentlich löst du mit deinen Füßen kein allgemeines Fischsterben im Roten Meer aus«, lacht Stefan, und da ist auch schon eine wilde Wasserschlacht im Gange.

Über schmale, ausgetretene Wege durch Palmenhaine, welche die kleinen Dörfer miteinander verbinden, setzen wir unseren Weg fort. Es ist ein Radweg wie im Bilderbuch. Immer wieder erreichen wir Ansiedlungen, in denen die Bevölkerung, die zum größten Teil aus Afrika abstammt, noch in den für diesen Landstrich typischen Rundhütten aus Stroh lebt. Für die Dorfjugend sind wir natürlich wieder einmal das große »Fressen«, da sie Ausländer, noch dazu auf Fahrrädern, in dieser Gegend sicher noch nie zu Gesicht bekommen haben.

Mit den letzten Dörfern enden leider auch die herrlichen Pfade. Der Untergrund wird trotz der breiteren Bereifung

immer schwieriger zu befahren. Als letzten Ausweg versuchen wir unser Glück im feuchten Sand direkt am Meer, aber auch dort versinken die Räder immer wieder bis zu den Felgen.

Salzebenen mit hohen Gräsern, die ab und zu von einem kleinen See unterbrochen sind, stoppen endgültig unser Vorwärtskommen. Verdammt, jetzt haben wir uns auch noch verfahren. Mit bestem Willen ist kein Weiterkommen mehr möglich.

Ein prüfender Blick auf unsere Wasservorräte zeigt uns, daß wir außerplanmäßige Entdeckungsfahrten in Zukunft lieber unterlassen sollten. Noch einmal plagen wir uns, teilweise fahrend und schiebend, das gleiche, soeben hart erkämpfte Stück wieder zurück, um irgendwo zwischen verwehten Sandflächen und Gräsern die richtige Abzweigung zu finden. Tief graben sich die groben Gummistollen in den weichen Sand. Erbarmungslos knallt die Nachmittagssonne vom wolkenlosen Himmel herab. Bei der anstrengenden Fahrerei kommt es mir vor, als würden die Schweißperlen waagrecht aus dem Körper schießen, und noch gut erinnere ich mich der Zeilen in einem Buch, in dem steht – »der Schweiß rinnt unaufhörlich«.

Die Bewohner von Mukha hatten jedenfalls recht, geschenkt wird einem auf dieser Strecke nichts. Aber wir werden es schaffen, müssen es schaffen, wollen wir nicht zwischen den unendlichen Sandhügeln elendiglich krepieren.

Einige Kilometer haben wir bereits zurückgelegt, da ertönt ein Freudenschrei aus meiner Kehle. Wir sind wieder auf dem richtigen Weg, haben die fast unscheinbare Abzweigung gefunden. Leider bringt auch die mittlerweile erreichte Piste nicht die erhoffte Erleichterung. Im Gegenteil – je mehr wir uns dem Dorf Khawkhah nähern, umso schwieriger gestaltet sich das Vorwärtskommen. Auch die vor uns wie aus dem Nichts auftauchende, ins letzte Licht gehüllte Moschee lenkt uns nur für einige Augenblicke von unserer Schufterei ab.

Seite 138: Die Palmenhaine um das Dörfchen Mulk zählen zu den grünsten und schönsten Küstenabschnitten des Jemen. Um den konstant und gleichmäßig aus einer Richtung wehenden Wind ausnützen zu können, konstruierte mein Freund ein Segel, eine Idee, die aber nur in der Theorie funktionierte.

In der dahinter im Sand »steckenden« Ansiedlung erklären uns einige Bewohner, daß wir nur mehr eine halbe Gehstunde von Khawkhah entfernt sind. Das ist Ansporn genug, um noch einmal sämtliche Kräfte zu mobilisieren.

Seit die Sonne mit einem herrlichen Untergang in den Fluten des Roten Meeres verschwunden ist, ist auch die Temperatur etwas zurückgegangen und gestaltet die Fahrerei um einiges angenehmer. Wie ein Wurm schlängelt sich die inzwischen breiter gewordene Piste durch eine hügelige, mit Sträuchern bestückte Dünenlandschaft. Kurz vor Einbruch der Dunkelheit – eine gute dreiviertel Stunde ist seit dem Verlassen des letzten Ortes vergangen – strampeln wir noch immer schweißgebadet zwischen Sandhügeln herum, und noch immer ist weit und breit kein Ende zu sehen. Da uns die vielen Abzweigungen in der Dunkelheit leicht im Kreis führen könnten, schauen wir uns nach einem unfreiwilligen Lagerplatz

Der Fischfang bildet die Haupteinnahmequelle für die an der Küste lebende Bevölkerung. Bereits zeitig am Morgen werden mit Hilfe verschiedenster Fangmethoden kleine Fische ebenso wie Haie und Barrakudas gefangen …

um. Die Stimmung ist ebenso wie unser Wasservorrat auf dem Nullpunkt. Unsere Vorstellung, am Abend frischen Fisch und Tee genießen zu können, versandet im wahrsten Sinn des Wortes. Doch beim Abladen unserer Rucksäcke vernehmen wir plötzlich ein weit entferntes, motorenartiges Geräusch. Beide sehen wir uns wie auf Kommando fragend an, so als wollten wir sagen – »ein Fahrzeug, hier und um diese Zeit – unmöglich«. Zwei schwache, die Dunkelheit durchbrechende Scheinwerfer belehren uns eines Besseren. Wie zwei Verrückte rennen wir das kurze Stück hinaus zur Piste, um den Wagen anzuhalten. »Zwei, höchstens drei Kilometer sind es noch«, antwortet der Fahrer. In Windeseile packen wir die Sachen zusammen und schnallen den Rucksack auf den Träger. Im Licht des langsam vor uns dahinschaukelnden Fahrzeuges legen wir das letzte Stück zurück. Es dauert nicht sehr lange, da sehen wir die Lichter des kleinen Dorfes Khawkhah vor uns glänzen.

...anschließend auf den Markt gebracht und dort sofort lautstark versteigert.

Mit einem Mal nimmt unsere Vorstellung von frischem Fisch und Tee wieder konkrete Formen an.

Die kommenden Tage verbringen wir mit unserem Zelt am Strand. Einmal nicht radfahren, sich von den Strapazen der vergangenen Wochen erholen, das ist es, was wir schon lange nötig haben. Der Ort bietet zwar nicht so tolle Strände wie man sie teilweise auf der im Norden gelegenen Halbinsel Sinai findet, auch keine einladende Unterwasserwelt zum Tauchen, aber das ist uns im Augenblick egal.

Bei einem unserer ersten Strandspaziergänge kommen wir durch Zufall am Anlegeplatz der Fischer vorbei. Unzählige, große Raubfische wie Haie, Barrakudas, Rochen sowie andere, uns unbekannte Fische werden aus den sechs bis zehn Meter langen Holzbooten gehoben und mühsam, zum Teil von Kindern, durch das seichte Wasser an Land geschleppt. In einem einfachen, wenige Schritte daneben errichteten Gebäude werden die Fische sortiert, ausgelegt und anschließend sofort lautstark unter der anwesenden Bevölkerung versteigert.

Die erwähnten Boote, die sogenannten Dhaus, werden großteils in kleinen Werften direkt am Strand hergestellt. Bei unserer Ankunft in der Nacht hatten wir das Zelt neben einem an Land liegenden Schiff aufgestellt, ohne zu bemerken, daß es sich dabei um eine kleine Werft handelt. Erst als wir am nächsten Morgen vom Klopfen und Hämmern wachgerüttelt wurden, sind wir um einiges schlauer gewesen. Interessant ist für uns die Vorgangsweise beim Bau des Bootes. Nach alten Methoden sägen und meißeln die Arbeiter aus dem Holz, das hauptsächlich aus Europa stammt, mit ihren flinken Fingern jedes einzelne Teil. Auf das fertiggestellte Grundgerüst wird Brett für Brett des Rumpfes genagelt. Rund sechs bis acht Monate dauert der Bau eines Schiffes und kostet, so haben uns die Schiffsbauer berichtet, etwa 30.000 Mark.

Während unserer dreitägigen Anwesenheit entwickelt sich zwischen den Bootsbauern und uns ein geradezu freundschaftliches Verhältnis. Kennen- und schätzengelernt haben die Männer in der kurzen Zeit vor allem Stefan's technisches Wissen und unsere gemeinsame Kraft, wenn es darum geht, ein gewichtiges Problem zu lösen. Nicht nur einmal am Tag werden wir durch einen kurzen Ruf auf die »Baustelle« geholt. Uns macht das Arbeiten Spaß, sie wiederum revanchieren sich dafür mit einer Einladung zum Mittagessen. Kniend, um einen riesigen, verzierten Teller schmatzen und mampfen alle den köstlichen Fisch mit Reis. Beim Essen erkundige ich mich einmal bei einem der Arbeiter nach dem Verwendungszweck der Boote. »Im Fischfang werden die Boote eingesetzt, eine der Haupteinnahmequellen für die an der Küste lebenden Menschen«, antwortet dieser, ohne dabei seine Miene zu verziehen. »Und die Schmugglerboote«, kontere ich zurück, »wer baut die?« Sein schmunzelndes Gesicht geht langsam in schallendes Gelächter über und spricht mehr als tausend Worte. »Ja, woher weißt du denn das?« ist seine Antwort.

Alle schönen Dinge im Leben gehen leider einmal zu Ende, so auch unsere Tage in Khawkhah. Zeitig am Morgen raffe ich mich noch einmal auf, um einen Spaziergang am Meer zu unternehmen. Noch einmal beobachte ich die Fischer, wie sie bis zu den Hüften im Wasser stehend kunstvoll ihre Netze hinausschleudern, um so einige Köderfische zu fangen. Irgendwo beneide ich diese Menschen, denn während wir in ein paar Tagen in unsere übertechnisierte, gestreßte Welt hineingepreßt werden, können sie gemütlich und ohne viel Aufwand ihre Fische weiterfangen. Schwer fällt uns der Abschied von unseren Freunden, den Bootsbauern, diesen liebenswerten Menschen, mit denen wir einige schöne, gemeinsame Stunden verbringen durften. Schwer auch aus dem Grund, da wir wissen, daß wir sehr lange, vielleicht auch nie wieder hierher zurückkehren werden.

Lange haben wir darüber nicht Zeit nachzudenken, denn auf der nach Hays führenden Rumpelpiste werden unsere Gedanken von den vorbeirauschenden Fahrzeugen in eine riesige Staubwolke gehüllt. »Bist du heute in Stimmung zum Radfahren«, fragt mich Stefan, eine Frage, die ich mir bereits seit der Abfahrt gestellt habe und deren Antwort mir mein Freund soeben abgenommen hat. Gemütlich fahren wir das kurze Stück zurück und suchen nach einem fahrbaren Untersatz für die bevorstehende, langweilige Strecke. Ein Geländewagen, dessen Aussehen uns einen vertrauenserweckenden Eindruck macht, ist bald gefunden. Das einzige, was wir uns bei dem relativ neu wirkenden Fahrzeug nicht erklären können, sind die herabhängenden, festgebundenen Türen. Aber schneller als uns lieb ist sollten wir die Erklärung dafür erhalten. Unsere Räder werden am Dach festgebunden, dann ver-

Die Terrassenlandwirtschaft sowie fehlende Geldmittel veranlassen die Bevölkerung, die Felder auch heute noch mit archaischen Methoden zu bearbeiten. Anstelle von Traktoren arbeiten Kamele und Esel, gepflügt wird die Erde mit dem Holzpflug, geerntet mit den eigenen Händen.

lassen wir langsam das Dorf. Kaum daß wir die letzten Häuser erreicht haben, wird unser so harmlos wirkende Fahrer plötzlich zum Rennfahrer. Ohne Rücksicht auf Verluste jagen wir mit einem Höllentempo über die 30 Kilometer lange, geradeausführende, waschbrettähnliche Piste, eine mehrere hundert Meter lange Staubfahne hinter uns herziehend. Bei jeder Bodenwelle zittern wir, daß das Fahrzeug in sämtliche Teile auseinanderfällt. Ein uns entgegenkommendes Vehikel hüllt den Innenraum, dank unserer geöffneten Fenster, in dieselbe undurchsichtige Wolke, wie wir sie hinter uns nachziehen. Unseren Fahrer beeindruckt das aber nicht im geringsten. Erst ein lautes Rumpeln auf dem Dach läßt ihn für wenige Augenblicke den Fuß vom Gaspedal nehmen. Ein kurzer, prüfender Blick und ein Schrei zu unserem Bruchpiloten sind eines, denn um Haaresbreite hätten wir soeben eines der Räder verloren.

Kurz bevor wir Hays erreichen, stoßen wir auf die Hauptverbindung Taizz – Hudaydah. Als der Fahrer glattgewalzten Asphalt unter seinen Reifen verspürt, wird er von einem Meter zum anderen zum Lämmchen. Gemütlich, so als ob nie etwas gewesen wäre, fahren wir in die Ortschaft Hays ein. Der Bedarf an Autofahrten ist für heute völlig gedeckt.

Auf der ebenen Straße, die entlang riesiger Baumwollfelder nach Norden führt, kommen wir gut voran. Zabid, jene Stadt, in der im 9. Jahrhundert eine der ersten Universitäten der islamischen Welt gegründet wurde, können wir leider keinen Besuch abstatten, da wir noch heute Bayt al Faqih erreichen möchten, um am nächsten Tag den bekannten Markt miterleben zu können.

Bayt al Faqih empfängt uns am späten Nachmittag in glühender Hitze. Noch heißer und unerträglicher finde ich die Städte und Dörfer abseits des Roten Meeres, in denen kein Hauch von Wind die Luft in Bewegung bringt.

Bayt al Faqih, das übersetzt »Ort der Gelehrten« bedeutet, ist neben Zabid und Hudaydah eine der wichtigsten Städte der Tihama. Gegründet während der Blütezeit des jemenitischen Kaffees, wurde die Stadt wegen ihrer zentralen Lage bald zum wichtigsten Umschlagplatz des inländischen Handels. Inzwischen wird hier jeden Freitag der größte Markt der Küstenebene und einer der wichtigsten Märkte des Landes überhaupt abgehalten.

Aus allen Himmelsrichtungen reisen die Händler mit ihren

Autos, Kamelen und Eselkarren an, um die mitgeführten Waren im Souk anzubieten.

Um ja nichts zu versäumen, marschieren wir bereits in aller Früh auf das Soukgelände. Groß ist die Überraschung, als wir dort erst ein paar Händler antreffen, die gerade mit dem Abladen ihrer Ladung beschäftigt sind. Einige kleine Ziegen- und Schafherden haben meckernd und blökend da und dort Aufstellung genommen, Esel, die vor riesige Karren gespannt sind, warten teilnahmslos, bis die grünen, meterlangen schilfähnlichen Pflanzen von ihrem Anhänger abgeladen sind.

Im Laufe der Zeit bauen immer mehr und mehr Händler ihre Stände auf. Besonders zahlreich vertreten erscheint uns das Handwerk für Korb- und Flechtarbeiten. In sämtlichen Größen und für jeden beliebigen Einsatzbereich erhält man die kunstvoll geflochtenen Waren. Einige Meter weiter werden die verschiedensten Getreidesorten eben in diesen riesigen Körben angeboten, wieder ein Stück dahinter steigen uns die scharfen, für die arabischen Märkte typischen Gewürze in die Nase. Wie bereits in Taizz beleben auch hier unverschleierte, oft sehr hübsche Frauen mit ihren bunten Kleidern die Marktszene. Jeder der anwesenden Händler hält seine Ware für die wichtigste und preist diese auch dementsprechend laut an. Je länger wir uns am Markt aufhalten, umso schwieriger wird es, sich durch die Massen von Menschen, Tieren und Waren zu kämpfen. In der Hitze des Gefechtes wären wir um ein Haar in einen Esel gerannt, der einen riesigen Eisblock auf einem Holzkarren durch die schmalen Gassen transportiert.

Um das starke, tierische »Verkehrsaufkommen« in den überfüllten Gassen so gering wie nur möglich zu halten, wurde am Rand des Marktgeländes ein Platz geschaffen, auf dem Kamele und Esel – natürlich ohne Entrichtung einer Gebühr – geparkt werden können.

Beeindruckt, einen der für uns interessantesten Märkte miterlebt zu haben, verlassen wir Bayt al Faqih.

Seite 146: Besonders zahlreich ist auf dem Markt von Bayt al Faqih das Handwerk für Korb- und Flechtarbeiten vertreten. In sämtlichen Größen und für jeden Einsatzbereich sind die kunstvoll geflochtenen Waren erhältlich. So werden unter anderem auch die verschiedenen Getreidesorten in riesigen Rundkörben angeboten.

Oben: Da staunt sogar das kleine Mädchen, was in einer Backe alles Platz hat. Die Blätter werden dabei gekaut, anschließend in der Backe gesammelt und dann langsam gewendet und ausgesaugt.
Unten: Ab Mittag erlischt im Jemen das öffentliche Leben, denn ab dieser Zeit kauen rund 90% der Bevölkerung die leicht berauschend wirkenden Blätter und jungen Triebe des Strauches »Catha edulis«.

Oben: Sogar die sonst so geschäftstüchtigen Händler des Souk hängen ab Mittag an einem gemütlichen Plätzchen herum und genießen bei einem angeregten Gespräch die leicht aufputschende Wirkung des in den Blättern enthaltenen Stoffes Katin.
Unten: Erst am späteren Nachmittag wird das Katkauen beendet und das Leben nimmt wieder seinen normalen Lauf.

Am Ziel

Über die uns bereits bekannte Route geht es zurück in Richtung Hauptstadt.

Mit dem Ansteigen der Straße ins Haraz-Gebirge erfolgt langsam der Wechsel von der Strohhüttenbauweise der Tihama zur einfachen Steinhüttenbauweise der Gebirge.

Noch einmal ist es uns vergönnt, die im Laufe von Jahrhunderten errichteten, fantastischen Terrassenkulturen sowie die hoch über den Tälern errichteten, festungsartigen Dörfer zu bewundern.

Nach Tagen und Wochen endet unser Abenteuer wieder in Sana'a, eine Reise, die uns in eine der wohl faszinierendsten Teile unserer Erde geführt hat.

Anstrengungen und Entbehrungen waren vergessen, was tief in unserem Inneren geblieben ist, sind Eindrücke von Landschaften und Erlebnisse mit Menschen, von denen wir wieder viel erfahren und gelernt haben. Alles in allem Dinge, die sich nicht aufschreiben, nicht fotografieren und auch nicht sagen lassen.

Wie heißt es doch so schön – der kürzeste Weg zu sich selbst führt um die Welt herum.

Seite 152/153: Beim Durchwandern von arabischen Märkten begeistert mich immer wieder die Vielfalt und Farbenpracht der Gewürzmärkte, deren scharfe Geruchsschwaden dem Besucher oft schon von weitem in die Nase steigen.
Seite 154: Öffentlich zugängliche Minarette sind in arabischen Ländern stets ein beliebter Aussichts- und Orientierungspunkt.
Seite 155: Die älteste Moschee der ehemaligen Hauptstadt Taizz, die im 12. Jahrhundert erbaute Al Muzafar-Moschee, besticht durch die Vielfalt ihrer Kuppeln. Das angrenzende, Mitte der achtziger Jahre fertiggestellte Ziegelsteinminarett paßt stilistisch überhaupt nicht zur alten Moschee.

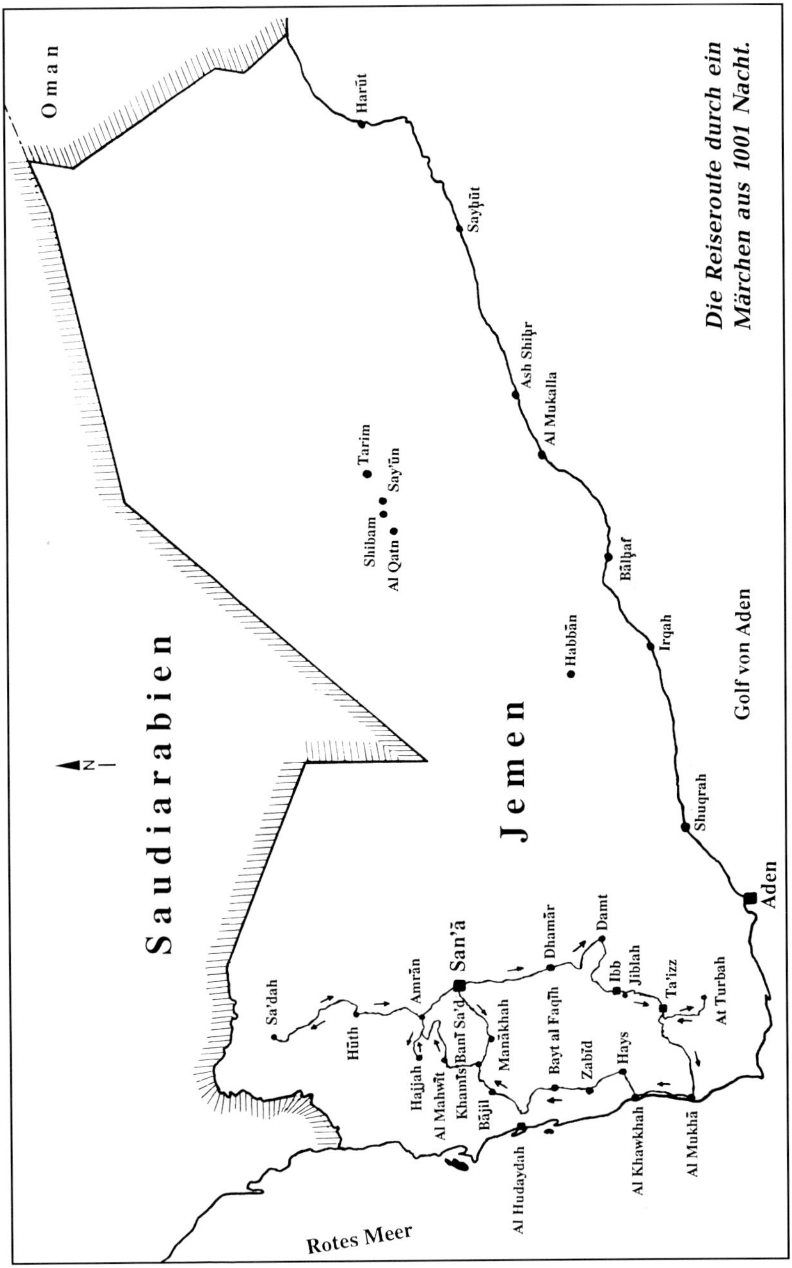

Die Reiseroute durch ein Märchen aus 1001 Nacht.

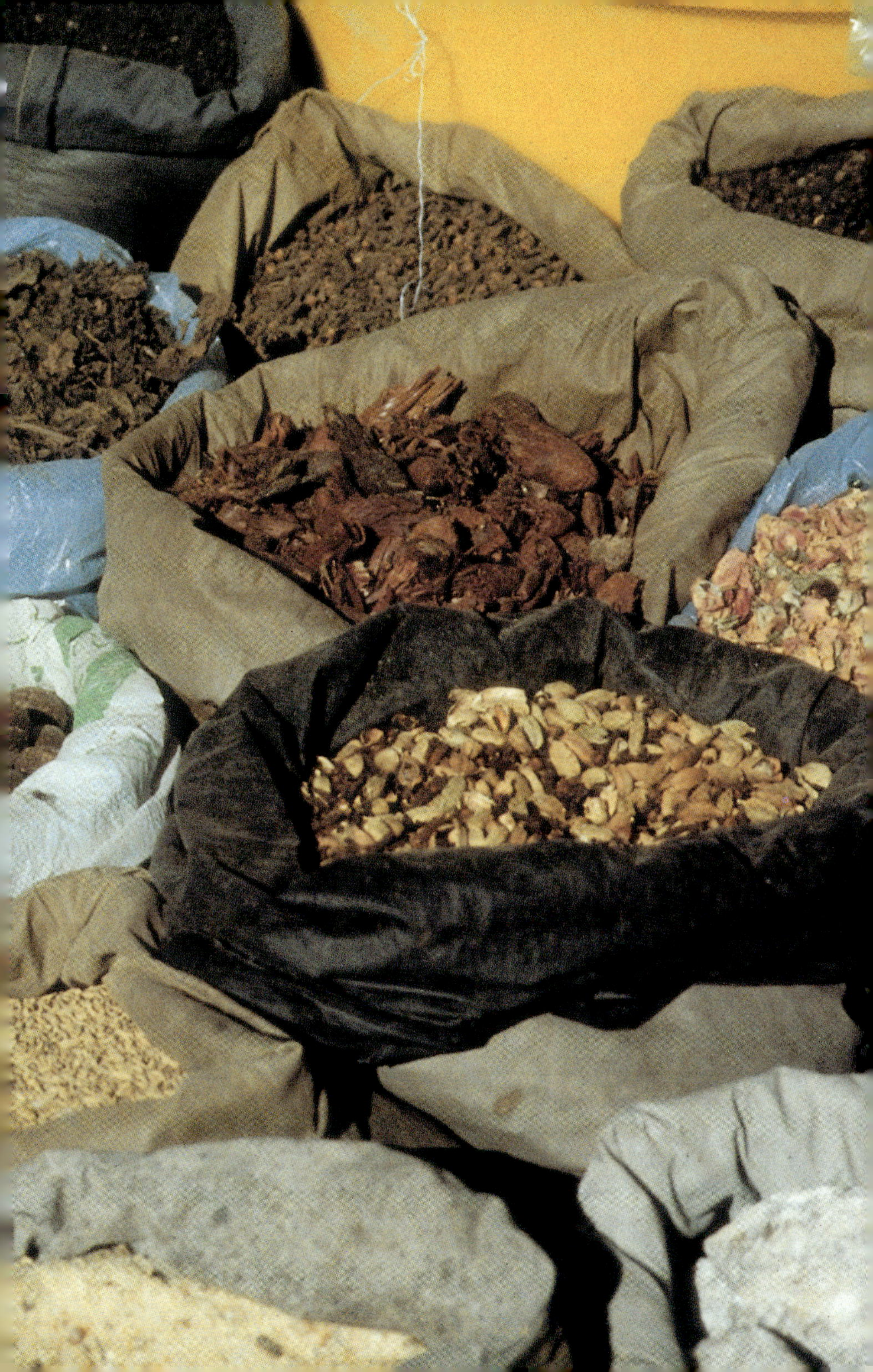

Tips für Jemen-Reisende

Was man bei Reisen in moslemische Länder wissen sollte

Bevor wir eine Reise in ein fremdes Land unternehmen, sollte es zur Selbstverständlichkeit gehören, daß wir uns über die jeweiligen Sitten und Bräuche informieren. Gerade im arabischen Raum wird das Leben weitgehend von der Religion bestimmt, wodurch viele Verhaltensweisen auf religiöse Hintergründe zurückzuführen sind. Verhaltensweisen, die wir durch Unwissenheit oder unüberlegte Handlungen nie verletzen sollten.

Meine erste Reise in ein islamisches Land führte mich vor Jahren nach Ägypten. Gespannt und voller Neugierde harrten wir, meine Freundin und ich, nach dem Verlassen des Flugzeuges der Dinge, die auf uns zukommen würden. Irgendwie spürten wir sofort, wir waren nicht nur in einem anderen Land, nein, wir waren in einer völlig anderen Welt.

Streng hielten wir uns damals an die im Koran festgelegten Gepflogenheiten. Wir trugen trotz der größten Hitze lange Hosen, spazierten auf öffentlichen Straßen und Wegen nicht händchenhaltend herum und küßten uns auch nicht in der Öffentlichkeit, so daß meine Freundin ihren Entschluß, in ein arabisches Land zu fahren, schon fast ein bißchen bereute. Eines Besseren wurden wir dann belehrt, als wir eines Tages das in der Nähe des Hauptplatzes gelegene Ägyptische Museum besichtigten.

Die Tatsache, daß es im Museum von Touristen nur so wimmeln würde, darauf waren wir in gewisser Weise vorbereitet, das ist an touristisch interessanten Plätzen eines jeden Landes normal. Nur daß etliche der hier herumschwänzelnden Damen in den kürzesten Miniröcken und heißesten kurzen Hosen, bei denen nicht selten ein Teil ihres knackigen Hinterteiles zu sehen war, in den Hallen herumliefen, so daß sich sogar die Mumien in ihren Gräbern noch einmal umdrehen mußten, das war unserer Meinung nach ganz und gar nicht normal. Zu Hause bin ich in dieser Richtung kein Kostverächter, doch hier, inmitten des strengen, islamischen Lebens, trafen mich die soeben gesehenen Bilder wie ein Schlag. Es würde mich gar nicht einmal wundern, wenn so eine »Dame« von Einheimischen geschnappt, in irgendeine verlassene Gasse oder Wohnung gezerrt und dort »vergenußwuzelt« werden würde. Man könnte es den Burschen gar nicht einmal übelnehmen.

Daher bin ich der Meinung, daß wir in fremden Ländern die Sitten respektieren und unsere Gastgeber nicht unnötig provozieren sollten. Nichts braucht dabei übertrieben zu werden.

Wenn arabische Frauen ganz oder teilweise verhüllt gehen, müssen westliche, sprich europäische Frauen nicht ebenfalls vermummt herumhuschen. Es genügt, wenn Schultern, Arme und Oberschenkel bedeckt sind.

Auch bei Männern ist es nicht üblich, in kurzen Hosen herumzurennen, da unsere kurzen Hosen sehr stark ihren Unterhosen ähneln und nicht selten zu großer Belustigung führen.

Wir haben unsere Radhosen nur außerhalb von Orten getragen und diese jeweils am Eingang eines Dorfes oder einer Stadt mit unseren langen vertauscht.

Bedeckende Kleidung ist Pflicht für den Besuch von Moscheen und anderen religiösen Stätten. Einzige Ausnahme dabei bilden die Schuhe, da Moscheen grundsätzlich nur ohne Schuhwerk betreten werden dürfen. Dasselbe gilt für das Betreten von Häusern und Wohnräumen. Auch hier werden die Schuhe vor der Tür zurückgelassen, am besten immer dort, wo sie der Gastgeber hinterläßt.

Bevor wir aber mit solchen Dingen konfrontiert werden, ist es meist ein langer Weg. Zuallererst stellt sich immer die Frage, wann besuche ich das ausgewählte Land? Im Falle des Nordjemen würde ich sagen immer, mit Ausnahme des Monates Ramadan. Während des zu den Pflichten des Islams gehörenden Fastenmonats ist es den Gläubigen untersagt, zwischen Sonnenaufgang und Sonnenuntergang zu essen, trinken oder zu rauchen. Es handelt sich dabei um das »wirtschaftlichste« Monat, wie ein arabischer Freund scherzhalber einmal diese Zeit bezeichnet hat. Das öffentliche Leben ist stark eingeschränkt, Geschäfte und Behörden haben, wenn überhaupt, nur sehr kurz geöffnet.

Als Tourist wäre es daher eine Unsitte, die Einheimischen durch Essen, Trinken oder Rauchen unnötig zu provozieren. Als letzten Teil dieses fast belehrend wirkenden Kapitels möchte ich noch das Thema Fotografieren anschneiden. Fotografieren sie in arabischen Ländern mit einem gewissen Fingerspitzengefühl (mehr darüber im Kapitel Fotografieren).

Wenn sie all die erwähnten Dinge nur ein bißchen berücksichtigen und beherzigen, wird ihnen auf ihren Reisen in den arabischen Raum stets Freundlichkeit und Aufgeschlossenheit entgegengebracht.

Der Jemen allgemein

Die Republik Jemen, amtlich Al-Jumhûriya al-Yamaniya (»al yaman« bedeutet soviel wie »zur Rechten, wenn man nach Osten blickt«), liegt im äußersten Südwesten der Arabischen Halbinsel. Das Gebiet des ehemaligen Nord- und Südjemen umfaßt eine Fläche von 527.968 km^2 und wird im Norden von Saudi-Arabien, im Osten durch den Oman, im Westen durch das Rote Meer sowie im Süden durch das Arabische Meer begrenzt.

Bei einer Volkszählung im Jahre 1989 hatte das Land 11,207.000 Einwohner und eine Dichte von 21 Jemeniten je km^2.

Die größten Städte sind (1986) Sana'a (427.000 Einw.), Aden (250.000 Einw.), Taizz (220.000 Einw.), El Mukalla (150.000 Einw.) und Hodeida (140.000 Einw.).

Staats- und Regierungsform

Durch die exponierte Lage direkt am Ausgang in den Indischen Ozean war der Jemen seit frühester Zeit ein strategisch wichtiger Punkt, der immer wieder Ziel kriegerischer Auseinandersetzungen war.

Bis 1962 war der Jemen als mutawakilatisches Königreich und islamisches Imamat ein absolutistisch regiertes Land.

Erst im Jahre 1962 begann nach dem Sturz des letzten der

824 regierenden Imame (Herrscher) – welcher nach islamischer Lehre religiöses und staatliches Oberhaupt in einer Person ist – nach rund tausendjähriger Isolation nach außen eine völlig neue Epoche für das Land. Am 26. September 1962 wurde unter der Führung von General Sallal die »Arabische Republik Jemen« ausgerufen, eine Regierung, die von den meisten Ländern, aber auch von den Vereinigten Nationen anerkannt wurde. Der geputschte Imam Al Badr floh in den Norden und versuchte mit Unterstützung Saudi-Arabiens sowie mit Hilfe royalistischer Stämme, die Republik zu stürzen. Die Folge war ein blutiger, sieben Jahre dauernder Bürgerkrieg. General Sallal bemühte sich während dieser Zeit ebenfalls um ausländische Unterstützung für die Republik.

Das Ergebnis waren bis zu 50.000 ägyptische Soldaten, die seit 1964 auf republikanischer Seite kämpften. Nach der Niederlage 1967 im berühmten »Sechs-Tage-Krieg« gegen Israel zog Ägypten seine Truppen ab. Die Royalisten gewannen plötzlich die Übermacht im Bürgerkrieg, belagerten Sana'a, konnten die Stadt aber dank erfolgreicher Verteidigung nicht erobern.

Im selben Jahr beschloß Großbritannien nach lang andauernden Auseinandersetzungen mit südjemenitischen Freiheitskämpfern der NLF (der Nationalen Befreiungsbewegung), Aden als Kronkolonie aufzugeben. Nach dem Abzug der Briten wurde im November 1967 die »Demokratische Volksrepublik Jemen« in Aden ausgerufen, das Land war somit in zwei Teile geteilt.

In der »Arabischen Republik Jemen« (Nordjemen) nahm der Krieg im Jahre 1969 eine entscheidende Wendung – beide Seiten vereinbarten den Frieden. Trotz des Versuches von »friedlicher« Politik kam es im Nordjemen immer wieder zu Regierungswechseln mit darauffolgenden Militärputschen sowie zu Unruhen innerhalb der Stämme. Erst durch die Wahl von Staatspräsident und Oberbefehlshaber der Armee Ali Abdallah Saleh im Jahre 1978 erreichte das Land erstmals eine gewisse politische Stabilität.

Der Präsident verstand es vor allem, sich mit den Stämmen zu versöhnen und somit die der Regierung stets feindlich gesinnten Gruppen zu gewinnen.

1983 wurde Saleh von den 159 Mitgliedern der Konstituierenden Versammlung erneut für weitere fünf Jahre zum Staatspräsidenten gewählt.

Völlig anders verlief die Entwicklung in der »Demokratischen Volksrepublik Jemen« (Südjemen), ein Land, das innenpolitisch ein sozialistisch-kommunistisches System anvisierte und sich außenpolitisch an den Ostblock stützte. In der Folge werden fast sämtliche private Besitze verstaatlicht, viele Scheichs und Emire flohen außer Landes, einige wurden hingerichtet. Im Jahre 1969 wurde der erste Staatspräsident, Qatan As Schaabi, gestürzt, neuer Staatspräsident wurde Salem Rubai Ali, ein Mann, der trotz immer wieder bestehender Grenzzwischenfälle mit der Arabischen Republik Jemen eine Verbesserung und Wiedervereinigung der beiden Staaten anstrebte.

Die Oberhäupter der beiden jemenitischen Staaten trafen sich im Februar sowie im August 1977, um die letzten Unklarheiten für eine Wiedervereinigung zu beseitigen. Der vereinbarte Tag für die Vereinigung war der 12. Oktober 1977, es kam aber nicht dazu, da der damalige nordjemenitische Staatspräsident Al-Hamdi, Vorgänger von Saleh, einen Tag vor der geplanten Vereinigung auf ungeklärte Art und Weise ermordet wurde.

1978 wurde Salem Rubai Ali geputscht und gestürzt und von Parteiführer Fattah Ismail abgelöst.

Die Vereinigung der beiden jemenitischen Staaten wurde erneut unterbrochen, denn nur einen Tag vor dem Sturz von Rubai Ali fiel der Nachfolger des ermordeten nordjemenitischen Präsidenten Al-Hamdi, Präsident al Gashmi, einem Attentat des südjemenitischen Gesandten zum Opfer. Wiederum zwei Tage später wurde Salem Rubai Ali wegen »Verrates« in Aden hingerichtet.

Trotz immer wieder auftauchender Spannungen und vorausgesagter Probleme trat im Jahre 1990 mit der Wiedervereinigung der beiden Staaten zur Republik Jemen eine völlig neue, überraschende Wende ein.

Derzeit besteht im Land – bis zum Entwurf einer neuen Verfassung – ein provisorisches Parlament mit insgesamt 301 Mitgliedern, das von 159 Abgeordneten des Nordjemen, 111 Abgeordneten des Südjemen sowie von 31 unabhängigen politischen Persönlichkeiten gebildet wird. Das Amt des Staatsoberhauptes wird von Ali Abdallah Saleh aus dem

Nordjemen bekleidet, Regierungschef ist seit Mai 1990 Haidar Abu Bakr al-Attas aus dem Südjemen. Das Amt für Äußeres wird ebenfalls seit Mai 1990 von Dr. Abdul-Karim al-Iryani aus dem Nordjemen besetzt.

Was das Parteiensystem betrifft, gibt es derzeit nur die Jemenitische Sozialistische Partei, weitere Parteigründungen sind aber geplant.

Religion

Staatsreligion ist der Islam. Innerhalb des Islams gibt es eine Unterteilung in Sunniten und Schiitten, wobei sich die Mehrheit der Muslime heute überwiegend zur sunnitischen Richtung bekennt.

Außerdem gibt es eine kleine hinduistische sowie christliche und protestantische Minderheit.

Bevölkerung

Die Jemeniten lassen sich grob in folgende Gruppen unterteilen:

- dunkelhäutige Menschen mit afrikanischem Einschlag an der Küste des Roten Meeres,
- hellhäutige Araber und Nomaden, die im nördlichen Bergjemen, in den östlichen Wüstengebieten sowie im Süden beheimatet sind,
- jüdische Minderheiten im nördlichen Bergjemen, von denen heute nur noch wenige in der Provinz Sa'dah leben,
- indische sowie pakistanische Restbevölkerung, die im Gebiet des ehemaligen Südjemen lebt.

Sprache

Landessprache ist Arabisch. Das Englischniveau ist vor allem im ehemaligen Nordjemen noch sehr gering.

Der Reisende sollte sich auf keinen Fall darauf verlassen, mit seinen Englischkenntnissen problemlos durchs Land fahren zu können, dies kann man nur mit Einschränkungen in den größten Städten erwarten.

Wirtschaft

Dank des klimatisch günstigen Klimas ist die Landwirtschaft für die Jemeniten seit Jahrtausenden die Haupteinnahmequelle, wobei die Produkte fast ausschließlich der Selbstversorgung dienen. Obwohl ein Großteil der Bevölkerung im landwirtschaftlichen Bereich tätig ist, ist der Jemen in jüngster Zeit dennoch zu einem Lebensmittelimporteur in größerem Umfang geworden. Die Ursache dafür sind die vermehrt in den arabischen Öllländern beschäftigten, männlichen Jemeniten und die damit verbundenen brachliegenden Felder.

Außerdem kann die arbeitsintensive Terrassenlandwirtschaft oft nicht mit den anderen, niedrigen Weltmarktpreisen konkurrieren, wodurch viele Bauern zur Aufgabe oder zur Umstellung auf ein anderes Produkt, wie zum Beispiel das Kat, gezwungen werden.

Angebaut werden heute vor allem Kartoffeln, Tomaten, Zwiebeln, Karotten, Zuchinis, Salat sowie Weintrauben, Bananen, Granatäpfel, Zitronen, Papayas, Aprikosen, Feigen und Datteln.

Zusätzlich werden in den Sommermonaten vor allem Hirse und in den Wintermonaten Getreide angebaut.

Die Industriebetriebe konzentrieren sich um die größeren Städte, hier werden Produkte wie Milch, Butter, Fruchtsäfte, Mineralwasser, Kekse, Süßwaren, Plastikwaren, Farben und Toilettartikel hergestellt. Eine gewisse Bedeutung als Ausfuhrprodukt besitzen im ehemaligen Südjemen die Baumwolle sowie die Fischindustrie, die einen gewaltigen Aufschwung erlebt hat.

Hauptsächlich werden Sardellen, Sardinen, Thunfisch und Makrelen gefangen, Garnelen und Hummer werden in die USA und Europa, Haifischflossen nach Hongkong und Taiwan exportiert.

Im ehemaligen Südjemen sind eine Zement- und Baustofffabrik sowie eine Salzproduktionsstätte in Betrieb.

Der Ertrag von Bodenschätzen ist unbedeutend, erst 1981 wurde in der Provinz Marib (im ehemaligen Nordjemen) die erste Ölquelle entdeckt. Auch im ehemaligen Südjemen sind die gefundenen Bodenschätze bisher sehr gering, es wird aber vermutet, daß größere Mengen an Gold, Silber, Kupfer und anderen Mineralien verborgen liegen.

Landschaften

Das Gebiet des ehemaligen Nordjemen kann folgendermaßen gegliedert werden:

- Die 30 bis 50 km breite Küstenebene des Roten Meeres, die sich auf 2000 km Länge vom Golf von Aqaba bis zum Bab el Mandab entlangzieht,
- der von Norden nach Süden verlaufende Gebirgszug im Mittelteil des Landes, welcher in mehrere Hochtäler unterteilt ist und in Höhen von über 3000 m führt. Hier im Haraz-Gebirge befindet sich auch die höchste Erhebung der Arabischen Halbinsel, der 3660 m hohe Jebel Nabi Schuayb,
- die an das Bergland angrenzenden Wüstengebiete der Rub al Khali, der großen Arabischen Wüste.

Im Gebiet des ehemaligen Südjemen finden wir folgende Landschaften:

- Die Küstenebene vom Bab el Mandab im Westen, jene Engstelle des Roten Meeres am Ausgang ins Arabische Meer ist bis zum Wadi Hadramaut von einer flachen Sandwüste geprägt,
- östlich davon, bis zur Grenze des Oman, reichen schroffe Felsen direkt bis ans Meer,
- anschließend an die Küstenebene reiht sich das Randgebirge, welches allmählich zum Hochland ansteigt. In dieses Randgebirge haben sich eine Reihe von Trockentälern eingegraben, wobei das Wadi Hadramaut in der Hochebene von Dschol mit über 200 km Länge und bis zu 300 m senkrecht abfallenden Wänden das größte Tal der Arabischen Halbinsel ist.

Fauna und Flora

Die Tierwelt im Jemen ist nicht von allzugroßer Bedeutung, dazu hat vor allem der Jagdeifer der Jemeniten beigetragen.

So sind größere Tiere wie Leoparden und Steinböcke etwa um die Mitte dieses Jahrhunderts ausgerottet worden. Heute finden wir nur noch vereinzelt Hyänen, Füchse, Paviane, Hasen, wilde Hunde, Kamele sowie diverse Echsenarten. Artenreicher sind Vögel, so finden wir neben verschiedenen Zugvögeln den Schwarzen Reiher, Flamingos, Milane, Löffler, Krähen, Raben, Webervögel sowie Geier.

Die Pflanzenwelt reicht von den trockenen Pflanzen der Wüstengebiete, in denen außer Stachelgewächsen, Dornensträuchern und Hartgräsern nichts gedeiht, bis hin zu subtropischen Wasserpflanzen.

Obwohl der Jemen einst stark bewaldet war, werden wir heute zusammenhängende Waldflächen aufgrund eines über Jahrhunderte andauernden Raubbaues des Menschen vergeblich suchen. An dieser Stelle gedeihen Wacholderbäume, Akazien oder Tamarisken.

Klima und Reisezeit

Analog zu den verschiedenen Landschaften gibt es auch ein unterschiedliches Klima.

Ehemaliger Nordjemen:

Die Tihama, die Küstenebene des Roten Meeres, wartet mit feucht-heißem, für Europäer nur sehr schwer zu ertragendem Klima auf.

Insbesondere in den Sommermonaten zwischen Mai und Oktober steigt das Thermometer nicht selten auf 50°, womit dieser Landstrich zu den heißesten Gegenden unserer Erde zählt. Das angrenzende Bergland bietet angenehmes, mildes Klima, mit Ausnahme der Wintermonate, in denen es sehr stark abkühlt und das Thermometer in Höhen von 2000 m nicht selten unter Null Grad sinkt. Die der Küste des Roten

Meeres zugewandten Bergregionen werden häufig von starken Gewittern heimgesucht, die aber aufgrund der dort herrschenden Temperaturen als angenehme Abkühlung empfunden werden.

In den Wüstengebieten im Osten fallen so gut wie keine Niederschläge. Die Luft, am Tag trocken und heiß, kühlt in der Nacht sehr stark ab, insbesondere im Winter.
Die Jahreszeiten sind gleich wie bei uns in Europa.

Die Temperaturen sind aus vier verschiedenen Landschaftsformen mit den in Klammer angeführten Niederschlägen in mm:

Monat	**Hudaydah (Tihama)**		**Sana'a (Hochland)**		**Marib (Wüste) Nordjemen**		**Aden Südjemen**
	max.	min.	max.	min.	max.	min.	durchschnittl. Tagestemp.
Jänner	30°	19° (0)	25°	0° (0)	28°	17° (0)	28 (7)
März	32°	22° (0)	27°	7° (50)	30°	20° (0)	30 (6)
Mai	38°	27° (0)	26°	9° (10)	36°	25° (0)	34 (1)
Juli	39°	28° (0)	30°	12° (25)	37°	26° (0)	36 (3)
September	37°	26° (0)	29°	8° (17)	35°	24° (0)	36 (7)
November	32°	21° (0)	25°	3° (25)	30°	19° (0)	30 (3)

Bei den angegebenen Zahlen handelt es sich um Mittelwerte aus mehreren Tabellen.

Als günstigsten Reisemonat für den nördlichen Landesteil ergeben sich somit die Monate Oktober und November. Wer das Land von der grünsten Seite her erleben möchte, der sollte es zwischen Juni und Oktober besuchen, allerdings ist während dieser Zeit von einem Besuch der Küstenebene abzuraten, da die Temperaturen geradezu unmenschlich sind.

Die Wintermonate zwischen November und April eignen sich ebenfalls für eine Reise, bei einem Besuch des Gebirges jedoch warme Kleidung mitnehmen. Die einzige Zeit, von der ich persönlich von einer Reise abraten würde, ist der bereits erwähnte Fastenmonat Ramadan sowie die Woche nach Ramadan. Der Ramadan ist einmal jährlich und beginnt mit der ersten Sichel des Neumondes, das heißt er beginnt Anfang bis Mitte April und endet jeweils 29 Tage danach.

Ehemaliger Südjemen:
Der Südjemen gehört zum nördlichen Trockengürtel der Erde und wartet mit geringen Niederschlägen, tropischer Wärme

sowie hoher Luftfeuchtigkeit auf. Der Südwest-Monsun, der von Afrika kommend im Mai einsetzt, bringt im Juni und August in den Randgebirgen der Küste des Arabischen Meeres Regen sowie hohe Luftfeuchtigkeit. Im Oktober setzt dann der von Nordindien kommende, bis April dauernde Nordost-Monsun ein. Auch er bringt Regen und Feuchtigkeit, aber in wesentlich geringerem Ausmaß als der Südwest-Monsun. Ausgenommen sind einige Regionen des Randgebirges. Diese starken Regenfälle verwandeln dann die Wadis (Trokkentäler) in kürzester Zeit in reißende Wasserläufe, wodurch häufig große Schäden in der Landwirtschaft entstehen.

Die beste Reisezeit liegt somit zwischen Oktober und April. Auch im Südjemen können die Nächte im Gebirge außergewöhnlich kalt werden.

Ausrüstung

Wenn die Idee geboren wird, den Jemen zu erkunden, so muß man sich im klaren sein, daß es eine Reise in ein fantastisches, auf der anderen Seite aber auch staubiges, ja teilweise recht schmutziges Land wird.

Als nächstes kommt es darauf an, wie man das Land bereist. Als Pauschaltourist auf einer Standardrundreise, als Wanderer mit seinen eigenen zwei Füßen oder, so wie wir, auf dem Rücken eines Fahrrades. Hinzu kommt, welche Gegend, welches Gebiet im Land besucht wird.

Es empfiehlt sich daher folgendes:

- leichte, strapazfähige, auf keinen Fall eng anliegende Kleidung, beim Besuch des Gebirges eine Fleece-Jacke oder einen warmen Pullover mitnehmen,
- bestens bewährt haben sich leichte Gore-Tex-Anoraks, die vor Wind und Regen schützen,
- festes Schuhwerk, da die Gassen oft voller Unrat sind und das Land außerhalb der Städte teilweise recht steinig ist,
- Sonnenhut, Sonnenbrille sowie Sonnencreme mit hohem Schutzfaktor,
- Toilettenpapier!!! Manche Leser werden über diesen Tip jetzt sicher lachen, werden aber am Ende heilfroh darüber sein. Da es in Städten kaum Toiletten gibt – Ausnahmen

bilden größere Hotels –, ist es schwierig, an das gleichnamige Papier heranzukommen. Daher genügend Vorrat von zu Hause mitbringen!

- Taschenlampe, Taschenmesser,
- Reiseapotheke, siehe Seite 170,
- Fotoausrüstung, siehe Seite 180, 183,
- dünner Leinenschlafsack, um angenehme Nächte in unsauberen Unterkünften »genießen« zu können.

Für den Pauschaltouristen, der jede Nacht in einem Hotel oder einer einfachen Unterkunft verbringt, dürfte die genannte Ausrüstung neben einigen persönlichen Dingen, verpackt in eine robuste Reisetasche oder einen Rucksack, genügen. Diejenigen, die auf eigene Faust abseits von Gut und Böse dahinwandeln, für die bedarf es noch einiger Gegenstände mehr:

- Zelt, Isoliermatte,
- Kocher, am besten einen Benzinkocher, da Campinggaskartuschen schwierig – wenn überhaupt – zu beschaffen sind und es an (fast) jeder Ecke Tankstellen gibt,
- leichteren Schlafsack, bei längerem Aufenthalt in höheren Regionen entsprechend wärmeren Schlafsack, da die Temperaturen auch im Sommer in den Nächten empfindlich kalt werden,
- Trinkflaschen sind zwar nicht unbedingt notwendig, da Mineralwasser in Plastikflaschen überall erhältlich ist, sind aber meiner Meinung nach wesentlich robuster. Für längere Aufenthalte abseits der Zivilisation empfiehlt sich die Mitnahme eines kleinen Wassersackes oder Faltkanisters,
- Wasserentkeimungstabletten oder einen Wasserfilter der Firma Katadyn,
- Notproviant für den Fall des Falles, daß ich einmal gar nichts zwischen die Kiemen bekomme; ich habe meist einige Packerlsuppen, gefriergetrocknete Nahrung sowie Haferflocken im Gepäck. Als Getränk eignen sich Elektrolytgetränke in pulverisierter Form, da sich diese auch bei auftretendem Durchfall zum Auftanken des Flüssigkeitshaushaltes ausgezeichnet bewährt haben.

Die letzten Tips gelten nur jenen Verrückten, die das Land so wie wir im wahrsten Sinn des Wortes »erfahren« möchten. Soll eine Reise abseits der asphaltierten Hauptrouten nicht schon von Beginn an zum Scheitern verurteilt sein, so ist es von Vorteil, neben einer entsprechenden Vorbereitung – sprich Training – ein robustes Mountainbike mit noch robusterem Gepäckträger zu verwenden. Die Räder können bei manchen Fluglinien als normales Handgepäck oder Sportgepäck aufgegeben werden, soferne die üblichen 20 kg Fluggepäck nicht grob überschritten werden. Die Räder müssen in einem Karton verpackt werden, der Lenker muß geradegestellt, die Luft aus den Reifen ausgelassen und die Pedale abgeschraubt sein. Trotz robustem Mountainbike kann es natürlich zu unerwarteten Pannen kommen. Für solche Fälle ist es von Vorteil, wenigstens ein paar Ersatzteile dabeizuhaben:

- Schlauch, pro Fahrrad ein Stück, dasselbe gilt für den Mantel,
- Flickzeug. Die Pumpe nicht vergessen!
- Brems- und Schaltungskabel,
- Kettenglieder, für den Fall eines Kettenrisses durch überschüssige Kräfte, aber Achtung – eigenes Werkzeug notwendig,
- ein Stück Draht, aber keinen Blumendraht. Wir konnten damit meinen gebrochenen Gepäckträger notdürftig reparieren.

Selbstverständlich sind das nur einige wenige Teile eines Fahrrades, bei größeren Schäden kann man seinen Drahtesel sowieso vergessen und zu Fuß weitermarschieren.

Wir hatten außer meinem Gepäckträgerbruch nie eine Panne, nicht einmal einen »Patschen« oder »Platten«. Vielleicht wirkt das auf die Fahrradfreaks ein bißchen aufmunternd!

Landkarten

Bewährt hat sich bis heute die Karte der Deutsch-Jemenitischen Gesellschaft im Maßstab 1 : 1,000.000, die aber nur die Gebiete des ehemaligen Nordjemen beinhaltet. Ab Herbst 1992 erscheint über die selbe Gesellschaft eine neue, überarbeitete Karte im Maßstab 1 : 1,000.000, in der auch die Gebiete des ehemaligen Südjemen mit allen wichtigen und interessanten Plätzen miteingeschlossen sind.

Ebenfalls über die Deutsch-Jemenitische Gesellschaft erscheint zweimal jährlich ein »Jemen-Report«, der über Kunst, Kultur sowie Politik und Wirtschaft berichtet.

Beide Unterlagen sind unter folgender Adresse erhältlich:

Deutsch-Jemenitische Gesellschaft e. V.
Kronenstraße 11
D-7800 Freiburg
Telefon: Vorwahl BRD/0761/40 61 96

Eine genauere Karte für Bergsteiger und Wanderer ist die Karte der »Arabischen Republik Jemen« im Maßstab von 1 : 500.000, die aber ebenfalls nur die Gebiete des ehemaligen Nordjemen beinhaltet.

Stadtpläne der größeren Städte erhält man in der Tourist Corporation in Sana'a.

Gesundheitsvorsorge

»Was du dir auf deinen Reisen schon alles geholt hast, da bleibe ich lieber zu Hause«, solche und ähnliche Kommentare höre ich immer wieder. Tatsache ist, daß mit ein bißchen Vorsicht und einigen Schutzimpfungen ruhigen Gewissens eine Reise angetreten werden kann.

Wer direkt aus Europa einfliegt, braucht zur Zeit keine Impfungen, es empfiehlt sich aber die Mitnahme eines Internationalen Impfpasses mit gültigen Impfungen gegen Typhus, Cholera, Meningokokken, Gelbsucht sowie eine Auffrischung gegen Kinderlähmung und Tetanus.

Wer die Küstenebene besucht, sollte sich zusätzlich gegen Malaria schützen.

Reisende, die nicht aus Mitteleuropa einreisen, müssen den Internationalen Impfpaß vorzeigen.

Wichtig: Rechtzeitig, das heißt ungefähr fünf Wochen vor Reisebeginn mit den Impfungen beginnen!

Näheres erfahren Sie über Tropeninstitute, die städtische Impfstelle oder den Hausarzt.

Im Land klagen Reisende immer wieder über Durchfälle am Beginn einer Reise, obwohl sie ja »so« aufgepaßt haben.

Das ist durchaus normal, denn der Körper muß sich auf das Klima, die neue Kost sowie anfallende Zeitverschiebungen umstellen. Dieser sogenannte »Reisedurchfall« sollte jedoch spätestens nach einer Woche verschwunden sein. Als Faustregel für südliche Länder gilt: Hände weg von Wasser und allem, was damit verbunden ist (Eis), außerdem von frischem Obst – außer schälbaren Früchten – sowie Gemüse. Auch wenn es noch so verlockend erscheint, ein eiskaltes Getränk in sich hineinzugießen oder einen saftigen, frischen Salat zu verzehren, bleiben Sie hart, ihr Magen-Darmtrakt wird ihnen dafür dankbar sein.

Wer ernsthaft krank wird, findet in allen größeren Städten Krankenhäuser, die oft über europäisches oder chinesisches Personal verfügen.

Nach der Rückkehr von einer Auslandsfahrt ist eine Untersuchung von Blut, Stuhl und Harn in jedem Fall anzuraten!

Reiseapotheke

Was nehme ich nun wirklich mit?

Die folgende Grundausrüstung würde ich jedem Reisenden empfehlen:

- Schmerz- und Fiebermedikamente
- Darmmedikamente (Kohletabletten, Immodium)
- Antibiotika
- Mittel gegen Reiseübelkeit
- Mittel gegen Insektenstiche
- Mittel gegen Erkältungen
- Medikament gegen Kreislaufbeschwerden
- Brandsalbe, Wundsalbe
- Jod als Desinfektionsmittel
- Verbandszeug: 5 Mullbinden verschiedener Breite,
Heftpflaster,
Hansaplast verschiedener Breite,
2–3 elastische Binden, ca. 8 cm breit,
kleine Schere.
- Salztabletten, zur Aufbesserung des Mineralhaushaltes
- Elektrolytgetränke für den »Fall eines Durchfalles«, um den Elektrolythaushalt zu stabilisieren.

Nicht zu vergessen sind jene Medikamente, die bereits vor der Reise regelmäßig eingenommen werden mußten.

Anreise

Sind die ersten Fragen bereinigt, stellt sich die Frage – wie komme ich überhaupt dorthin. In unserem Fall haben wir drei Möglichkeiten zu Auswahl:

Flugzeug:

Der größte Teil der Touristen wird das Land über den Luftweg erreichen. Trotz der exponierten Lage ist der Jemen überraschend gut an das internationale Flugnetz angeschlossen und wird von folgenden Fluggesellschaften angeflogen: Aeroflot, Air Djibouti, Air France, Egypt Air, Ethiopien Airlines, Gulf Air, Kuwait Airways, Lufthansa, Pakistan Int. Airlines, Royal Jordanien, Saudi-Arabien Airlines, Somali Airlines, Sudan Airways, Syrien Arab und Yemenia.

Die gängigsten Verbindungen von Europa aus sind:
Lufthansa: Frankfurt – Amman – Sana'a, Di, Do,
Egypt Air: Frankfurt – Kairo – Sana'a, Mo, Do,
Yemenia: Frankfurt – Sana'a, Di, Sa,
Amsterdam zweimal wöchentlich,
London dreimal wöchentlich,
Rom zweimal wöchentlich.

Es besteht weiters die Möglichkeit, mit einigen der oben angeführten Linien direkt in die ehemalige südjemenitische Stadt Aden zu fliegen. Außerdem fliegt Alyemda, die ehemalige südjemenitische Flugline, von einigen Städten des Mittleren Ostens in den Jemen.

Auto, Motorrad:

Wer seine Anreise über den Landweg plant, der sollte über genügend Zeit, gute Nerven sowie ein ausgezeichnet gewartetes Fahrzeug verfügen.

Die Mitnahme eines internationalen Führerscheins ist anzuraten, auch wenn er von einigen Ländern nicht verlangt wird. Das Carnet de Passage, von der Türkei, Syrien und Jordanien anerkannt, ist nicht notwendig. Hingegen verlangen einige Länder bei der Einreise den Abschluß einer Versicherung.

Die übliche Anreise erfolgt über Istanbul – Damaskus – Amman – Medina – Jizan.

Die ersten Probleme werden vermutlich in Saudi-Arabien auftauchen, da das Land nur ein für 72 Stunden gültiges

Transitvisum ausstellt und die Fahrt ausschließlich auf vorgeschriebenen Routen erlaubt. Frauen dürfen in Saudi-Arabien kein Fahrzeug lenken, unverheirateten Paaren wird die Durchreise nicht gestattet.

Die Einreise in den Jemen kann über zwei Routen erfolgen:

- die asphaltierte Küstenstraße Jizan – Hudaydah oder
- die Piste zwischen Najran – Buqa – Sa'dah.

Diese letzte Variante ist, wenn von behördlicher Seite keine Einwände erfolgen, nur mit allradgetriebenen Fahrzeugen zu bewältigen. Ist einmal die Grenze der Republik Jemen erreicht, so gibt es keine Probleme mehr. Die Weiterfahrt in die Gebiete des ehemaligen Südjemen erfolgt über die einzige Landverbindung, die Straße von Taizz. Die Fahrzeit beträgt zwischen drei und fünf Stunden. Tankstellen für Benzin und Diesel findet man in ausreichender Zahl.

Schiff:

Der Seeweg ist mit Abstand der schwierigste Weg, um in den Jemen zu gelangen. Die wenigen derzeit existierenden Verbindungen sind unregelmäßig und oft mit langen Wartezeiten verbunden. Aber einen Versuch ist es sicher wert.

Möglichkeiten: Djibouti – Mukha
Djibouti – Hudaydah
Port Sudan – Hudaydah
Djibouti – Aden
Hudaydah – Aden
Port Suez – Jiddah
Port Sudan – Jiddah
Aqaba – Jiddah

Von Jiddah in Saudi-Arabien sind es rund 700 km bis zur jemenitischen Grenze.

Einreisebestimmungen

Für die Einreise in die Republik Jemen benötigt man ein Visum, das bei der

Botschaft der Republik Jemen
Adenauer Allee 77
D-5300 Bonn 1

beantragt wird.

Wichtig für die Erteilung eines Visums ist, daß der Antrag frühzeitig gestellt wird, der Reisepaß am Tag der Visumausstellung noch mindestens 6 Monate gültig ist und keine Einreisestempel von Israel oder Südafrika aufweist.

Sind all diese Voraussetzungen gegeben, erhält man das Visum meist innerhalb von 10 Tagen.

Nach der Ankunft auf dem internationalen Flughafen von Sana'a oder Aden erhält der Reisende einen Stempel für einen dreimonatigen Aufenthalt. Wer länger als drei Monate im Land bleiben möchte, kann seine Aufenthaltsgenehmigung als Tourist ohne Probleme im Land verlängern lassen.

Der bisher üblich gewesene Zwangsumtausch von 150 US-Dollar existiert nicht mehr.

Ausreisebestimmungen

Reisende, die mit dem Flugzeug ins Land gekommen sind, müssen 72 Stunden vor Abflug ihren Rückflug bei der jeweiligen Luftlinie bestätigen lassen.

Die Flughafengebühr bei der Ausreise beträgt 115 Rial, der Betrag wechselt jedoch immer wieder.

Ansonsten verläuft die Ausreise im großen und ganzen meist unproblematisch.

Zollformalitäten

Die Zollkontrolle bei der Ein- und Ausreise ist unproblematisch. Die Einfuhr von Alkohol ist nicht erlaubt, da der Jemen ein streng islamisches Land ist.

Es kann vorkommen, daß Fotoapparte in den Paß eingetragen werden.

Zeitunterschied

Der Jemen ist der europäischen Uhrzeit voraus, d. h. GMT (UTC) + drei Stunden, MEZ + zwei Stunden.

Während unserer Sommerzeit beträgt die Differenz nur eine Stunde.

Wir sind im Land

Haben wir die ersten Schritte auf jemenitischen Boden gesetzt, so befinden wir uns in einer anderen, für die meisten völlig fremden Welt.

Der Jemen gilt als ein sehr sicheres Reiseland. Nur ganz selten werden Ausländer bestohlen und wenn, dann nur in den großen Städten. Wir haben bei unseren Besuchen in den Städten immer einen Ersatzreifen auf dem Gepäckträger mitgeführt, der uns während unserer Abwesenheit nie abhanden gekommen ist, obwohl die Jemeniten dafür sicher genug Verwendung gehabt hätten.

Gegenüber anderen arabischen Ländern ist es im Jemen noch möglich, ungestört in den Straßen und engen, verwinkelten Gassen zu bummeln, ohne von Händlern und Jugendlichen regelrecht »überfallen« und zum Kauf eines Gegenstandes gezwungen zu werden.

Die Begrüßung zwischen einem Jemeniten und einem Ausländer erfolgt mittels Handschlag. Spricht ein Tourist nur drei Worte arabisch, so wird man überall darüber begeistert sein, spricht er die Landessprache nicht, so wird einem mit Sicherheit geholfen.

Da die Jemeniten ein sehr stolzes Volk sind, sollten keine abfälligen Bemerkungen über Land, Leute oder Religion gemacht werden. Bei einer Unterhaltung mit einem Einheimischen ist es möglich, sich nach dem Wohlbefinden des Vaters sowie der Kinder zu erkundigen. Nach der Frau zu fragen, gilt jedoch als eine Beleidigung.

Bettler gibt es in arabischen Ländern seltener, im Jemen kaum. Sollten sie dennoch in dieser Richtung »angequatscht«

werden, so ist es üblich – da das Geben von Almosen für Moslems eine Pflicht ist – eine kleine Summe zu schenken.

Meldeformalitäten

Seit der Wiedervereinigung der beiden Länder ist das Reisen für den Touristen wesentlich leichter geworden.

Die Reiseerlaubnis, die sogenannte »Tasrih«, auf der die gewünschten Orte angegeben werden mußten, sowie Dutzende Kopien davon, die einem bei Kontrollpunkten an jeder Ecke abgenommen wurden, gehören der Vergangenheit an. Heute können sämtliche Orte ohne Genehmigung und ohne Probleme besucht werden.

Einschränkungen hinsichtlich militärisch gesperrter Gebiete sind im Augenblick keine bekannt, es kann natürlich jederzeit zu Einschränkungen vor allem im grenznahen Bereich kommen.

Verständigung

Immer wieder werde ich gefragt: »Na, wie hast du dich denn im Jemen verständigt?« Meine Antwort darauf lautet schlicht und einfach: »Arabisch!«

Die Landessprache ist Arabisch. So wie in unseren Breitengraden die deutsche Sprache verschiedene Dialekte aufweist, so gibt es auch im Jemen die verschiedensten Dialekte. Mit einigen Wörtern, die man vor Antritt der Reise in einem Kurs oder selbst erlernt, wird man kaum Kontaktschwierigkeiten haben, da die Jemeniten Ausländern gegenüber sehr offen und aufgeschlossen sind. Englisch wird vor allem im Gebiet des ehemaligen Nordjemen selten gesprochen und geht auch bei Schülern über ein »Hello Mister« und »how are you« nicht weit hinaus. Ausnahmen bilden die Hotelrezeptionen und Restaurants der Superhotels in den großen Städten.

Währung – Geldumtausch

Die Landeswährung ist der Rial.

Dieser ist unterteilt in Fils. 1 Rial = 100 Fils.

Fils werden im Handel kaum benützt, im Umlauf sind Banknoten zu 1, 5, 10, 20, 50 und 100 Rial.

Der Rial ist an den US-Dollar gekoppelt und unterliegt daher dessen Schwankungen.

Kursstand 1992: 1 US $ = 15 Rial (in der Bank).

Beste Währung zum Wechseln ist der Dollar. Die einfachste Möglichkeit, aber auch die schlechteste, ist das Wechseln in Hotels. Einen besseren Kurs erzielt man in Banken. Den besten Kurs – derzeit rund 50% mehr als in der Bank – erzielt man auf dem Schwarzmarkt im Souk von Sana'a in der Gasse der Geldwechsler.

Preise

Noch vor zehn bis fünfzehn Jahren war der Jemen ein fast unerschwingliches Reiseland, da so gut wie alles importiert wurde. Durch eigene Herstellung von gewissen Produkten, aber auch durch andauernde Kursveränderungen hat sich daraus ein Land der mittleren Kategorie entwickelt.

So haben sämtliche Lebensmittel sowie angebotene Speisen in Restaurants, Hotels und Bars fixe Preise.

Ansonsten ist es durchaus üblich, den Preis auszuhandeln. Als Anhaltspunkt gilt dabei die Hälfte des vom Händler geforderten Preises. Erscheint der ausgehandelte Endpreis immer noch zu hoch, so bedankt man sich höflich und geht weiter. Es dauert meist nicht sehr lange, bis einem der Händler schnellen Schrittes folgt, um das »Geschäft« doch noch abzuwickeln.

Fortbewegung im Land

Wer nicht so wie wir sein eigenes Fahrzeug mitbringt, ist auf die Mittel des Landes angewiesen.

Der Jemen verfügt über ein rund 4000 km langes Teerstraßennetz, welches die wichtigsten Orte mit der Hauptstadt verbindet und ständig ausgebaut wird.

Bereits nach der Ankunft auf dem Flughafen von Sana'a stellt der Reisende mit Erstaunen fest, daß es von dort keine Busverbindung in die Stadt gibt. Einzige Möglichkeit ist, in eines der unzähligen Taxis zu steigen, ein Verkehrsmittel, mit dem der Gast überall bequem hinfahren kann. Natürlich muß die Bequemlichkeit bezahlt werden, und aufgrund der Treibstoffpreise ist es die mit Abstand teuerste Art der Fortbewegung. Eine gute Alternative dazu bieten Sammeltaxis. Es ist »das« Transportmittel der Einheimischen. Sie fahren zu jeder Zeit, verbinden die wichtigsten Orte, aber auch die wichtigen Pisten abseits geteerter Straßen und können an jeder beliebigen Stelle angehalten werden. Abgefahren wird erst, wenn das jeweilige Vehikel bis oben vollgestopft ist. Nachteil der Sammeltaxis ist, daß es meist qualvoll eng zugeht und man im wahrsten Sinn des Wortes »hautnahen« Kontakt zur Bevölkerung erhält. Doch daraus erklärt sich auch der billige Fahrpreis. Ein weitaus größerer Nachteil ist, daß man sich Auto und Fahrer nicht aussuchen kann und abgesehen von verwegenen Autos meist noch verwegenere Fahrer bekommt.

Wer etwas bequemer und ebenfalls billig reisen möchte, für den sind Busse ein ideales Beförderungsmittel. Es gibt mittlerweile regelrechte Luxusbusse, welche die größeren Städte miteinander verbinden. In diesen »Nobelkutschen« gibt es kein Gedränge, da jeweils nur so viele Plätze vergeben werden, wie Sitzplätze vorhanden sind.

Als letzte Möglichkeit bleibt noch das Mieten eines Leihwagens. Vor der Wiedervereinigung gab es meines Wissens erst eine Firma in Sana'a sowie eine Firma in Aden, welche Autos zu sehr hohen Preisen und äußerst ungünstigen Vertragsbedingungen vermietet haben.

Die absolut billigste Form der Fortbewegung ist neben den eigenen Füßen das Trampen. Auf der Ladefläche von Lkw's oder Gelände-Pickups ist es möglich, zu einem geringen Preis, den man sich vor Antritt der Fahrt ausmacht, in die entlegensten Gebiete zu gelangen. Es ist auch für die dort lebenden Menschen die übliche Art der Fortbewegung. Es gibt keine langen Wartezeiten, und man wird, sofern das Auto nicht bereits überladen ist, gerne mitgenommen.

Aufgrund der Schönheit des Landes werden die wenigsten Touristen das Flugzeug als Transportmittel verwenden. Die staatlichen Fluggesellschaften Yemenia und Alyemda bieten Flüge in die für Touristen interessanten Städte Taizz, Hudaydah, Marib und Sa'dah sowie nach Aden, Al Mukalla und Ghuraf im Wadi Hadramaut. Die Preise sind billig, es ist jedoch ratsam, sich über die genauen Abflugzeiten zu erkundigen.

Essen und Trinken

Immer wieder werde ich gefragt, was ich auf meinen Reisen esse, worauf meine Antwort lautet: »das, was die Einheimischen essen«.

Es gibt nur einige wenige Hotels, die internationale Küche anbieten, alles andere sind Restaurants, in denen jemenitische Speisen serviert werden. Sollten Sie sich mit der jemenitischen Küche nicht anfreunden können, egal ob aus geschmacklichen, hygienischen oder gesundheitlichen Gründen, es gibt auch noch die Möglichkeit, sich während seines Aufenthaltes ausschließlich von Coca-Cola und Keksen zu ernähren. Doch auch jene supervorsichtigen Gesundheitsapostel werden einen Durchfall nicht verhindern können und einen Teil der wertvollen Urlaubszeit auf dem gewissen Örtchen, sofern eines vorhanden ist, verbringen. Daher mein Tip: Überwinden Sie Ihre Scheu, und marschieren Sie in eine der unzähligen Garküchen. Um wenig Geld kann man dort schmackhafte jemenitische Gerichte speisen:

Foul: Bohneneintopf mit Tomaten, Zwiebeln und scharfen Gewürzen
Salta: Reiseintopf
Baith: Omeletten
Dageig: Huhn

Dazu gesellen sich noch Schaffleischgerichte und in den Küstengebieten Fisch.

Getrunken wird, außer Erfrischungsgetränken, Tee und Kaffee, der bereits gezuckert angeboten wird. Für die Verpflegung außerhalb der Städte ist ebenfalls gesorgt, da sich an den Straßen immer wieder winzige Läden befinden, welche Kekse, Limonaden, Fischdosen und Brot anbieten. Einzige Ausnahme bilden einsame Berg- oder Wüstengebiete, hier ist es empfehlenswert, sich davor mit Lebensmitteln einzudekken.

Am Ende dieses Kapitels möchte ich noch einmal kurz auf das Thema Essen – Vorsichtsmaßnahmen zurückkommen.

Bewegung an der frischen Luft sowie Hitze rufen oft großen Hunger und Durst hervor. Seien Sie aber gerade in den Städten auf der Hut und beachten Sie – auch wenn es oft hart erscheint einige Regeln:

- Vermeiden Sie das Trinken von Leitungswasser und den Genuß von Speisen, die mit Wasser zubereitet werden (Eis),
- kein ungekochtes Gemüse, keine Salate essen, nur schälbares Obst wie Bananen, Orangen, Ananas, Papaya usw. essen,
- Vorsicht mit tierischen Innereien (Leber, Nieren),
- vermeiden Sie während der Hitze das Trinken von eiskalten Getränken, am besten ist in solchen Fällen der Genuß von Tee,
- essen Sie nur gekochte Speisen, niemals rohes oder halbgekochtes Fleisch.

In allen angeführten Speisen lauern Krankheitserreger, die Ihnen Ihren Urlaub gehörig vermiesen können.

Wenn Sie all diese Punkte nur ein bißchen beachten, wird Ihnen vermutlich so manch fürchterliche Stunde erspart bleiben. Wo? Na ja, sie wissen schon wo!

Unterkunft

Gruppenreisende werden meist in Hotels der Spitzenklasse untergebracht, von denen es im ganzen Land nur etwa ein gutes Dutzend gibt.

Einzelreisende bedienen sich großteils einfacherer Hotels,

die in allen größeren Orten zu finden sind, mit Hygiene und Sauberkeit aber mit »Absteigen« zu vergleichen sind.

Personen, die in dieser Hinsicht empfindlich reagieren, empfehle ich die Mitnahme eines Leinenschlafsackes bzw. eines zusammengenähten Leintuches.

Unterhalb der Kategorie »einfache Hotels« gibt es noch die Massenlager, genannt auch Funduks. Sie dienen nicht nur herumfahrenden Jemeniten als Quartier, sie sind auch das Heim für müde gewordene Läuse und Flöhe und vermitteln daher sicher den engsten Kontakt zur jemenitischen Tierwelt. Funduks waren auch unsere Kategorie in Städten, daher würde ich aus eigener Erfahrung nur jenen Reisenden diese Art der Unterkunft empfehlen, die in dieser Richtung bereits ein bißchen abgebrüht sind. Erwähnenswert wäre vielleicht, daß es eine Waschgelegenheit und Toiletten in den Massenlagern kaum gibt.

Was jetzt noch übrigbleibt, ist das Zelten. Da es im Jemen keine Campingplätze gibt, haben wir, nachdem wir Einheimische um Erlaubnis gefragt haben, unser Zelt immer auf unbebauten, möglichst ebenen Terrassen aufgestellt. Wir wurden dabei nie des Ortes verwiesen, sondern meist nur verständnislos beobachtet.

Fotografieren

Für Fotografen würde ich den Jemen schlicht und einfach als Paradies bezeichnen.

Da die Religion Ablichtungen von Menschen jedoch nicht gestattet – daher gibt es in arabischen Ländern keine Bilder –, andererseits der Reisende von schönen Landschaftsmotiven und herrlichen Menschenmotiven geradezu verführt wird, steht der Fotograf oft in einem gewissen Dilemma. Bleiben Sie hart, und respektieren Sie die vom Islam festgelegten Gesetze.

Ich betreibe es auf meinen Reisen stets so, daß ich zuerst ohne Kamera mit den Menschen in Kontakt trete. Nach dieser ersten Hürde lassen sich Männer und Kinder meist gerne fotografieren. Wenn nicht, sollte der oder die betreffenden Menschen um Erlaubnis gefragt werden.

Frauen dürfen grundsätzlich nicht fotografiert werden und

wenn, immer den begleitenden Mann um Erlaubnis bitten. Vorsicht ist geboten beim Ablichten von allem, was mit Militär in Verbindung zu setzen ist, dazu gehören auch Straßensperren, Regierungsgebäude, Häfen und besonders der Flughafen von Sana'a! Sehr beliebt im Land sind Sofortbildkameras. Hat man keine dieser Kameras in Verwendung, ist es von Vorteil, dies den Menschen vor dem Abdrücken zu erklären, um anschließende Schwierigkeiten zu vermeiden.

Filmen ist im Jemen verboten und nur mit Genehmigung des Innenministeriums möglich.

Als letzten Appell würde ich die Mitnahme von genügend Filmen empfehlen, da Fotomaterial kaum zu bekommen ist.

Öffnungszeiten

Der Freitag ist der arbeitsfreie Tag im Jemen.

- Geschäfte sind geöffnet von Samstag bis Donnerstag in der Zeit von 8 – 13 und 16 – 21 Uhr.
- Souk: 8 – 20 Uhr, außerhalb von Sana'a etwa bis 18 Uhr.
- Behörden: Samstag bis Mittwoch 8 – 13 Uhr, Donnerstag 8 – 12 Uhr. Aufgrund der Kat-Zeremonie am Nachmittag erliegt das Büroleben, so daß wichtige Dinge am Vormittag erledigt werden sollten.
- Banken: Samstag bis Mittwoch von 9 – 12 Uhr, Donnerstag von 9 – 11.30 Uhr.
- Post: Samstag bis Donnerstag von 8 – 13 Uhr und von 16 bis 19 Uhr.

Während des Fastenmonats Ramadan haben die oben genannten Zeiten keine Gültigkeit. Büros, Geschäfte und der Souk sind dann unregelmäßig und nur wenige Stunden am Tag geöffnet.

Post – Telefon

Briefe möglichst nur in den Postämtern der großen Städte aufgeben. Nur so hat man die Gewähr, daß diese auch verläßlich an der angeführten Adresse ankommen.

Das Telefonnetz, vor einigen Jahren noch veraltert und überlastet, funktioniert mittlerweile sehr gut. Am besten klappt es, wenn man sich in der Telefonzentrale in Sana'a eine Plastikkarte kauft, selbst wählt und so lange telefoniert, bis der Betrag verbraucht ist.

Die Karte kostet 100 Rial und ermöglicht ein rund dreieinhalb bis vierminütiges Gespräch nach Mitteleuropa.

Strom

Größere Orte werden aus Kraftwerken, abgelegene und kleinere Orte über Generatoren versorgt. Das Netz ist oft unterbrochen, Generatoren stehen meist erst am Abend zur Verfügung. Die Spannung ist 220 Volt, manchmal aber auch darunter. Für die Verwendung von elektrischen Geräten empfiehlt sich die Mitnahme von im Handel erhältlichen Steckersets. Auf alle Fälle ist die Mitnahme einer Taschenlampe oder Stirnlampe angebracht.

Wichtige Adressen

Botschaft der Republik Jemen
Adenauer Allee 77
D-5300 Bonn 1

Deutsch-Jemenitische-Gesellschaft e. V.
Kronenstraße 11
D-7800 Freiburg
Telefon: Vorwahl BRD/0761/40 61 96

Deutsche Botschaft in Sana'a
Hadda Road/Outer Ring Road
Haus Nr. 9-49
P. O. BOX 41
Sana'a
Tel. 21 67 56

Tourist Corporation
Tahrir-Platz, westliches Ende.

Ausrüstungsliste für Mountainbiker

- serienmäßiges Mountainbike,
- Rucksack, den wir an Stelle von Radpacktaschen verwendeten. Damit konnten wir auch Ausflüge und Wanderungen unternehmen. Hat sich bestens bewährt.
- Ersatzteile: einen Reifen, einen Schlauch, Flickzeug, Kettenglieder, Brems- und Schaltkabel, passendes Werkzeug, Draht, Pumpe,
- Innenzelt,
- Schlafsack (für mittlere Temperaturen),
- Benzinkocher,
- einen Alutopf,
- Aluflasche für Benzin,
- Besteck,
- Trinkflasche,
- Wassersack,
- Notproviant: gefriergetrocknete Nahrung, Packerlsuppen, Beneroc (Elektrolyt-Vitamin-Kombination),
- Kleidung: Unterhosen, T-Shirt, Socken, Faserpelzjacke, dünne Gore-Tex-Jacke, dünne, lange Baumwollhosen, kurze Radhose, ein Paar Turnschuhe, Stirnband,
- Apotheke: siehe Reiseapotheke, Seite 170,
- Fotoausrüstung: Kamera, Objektive, Filme,
- Sonstiges: Reisepaß, Impfpaß, Flugticket, Dollars, kleinen Taschenrechner (praktisch für schnellere Kursumrechnungen), Landkarte, Kompaß, Toilettenpapier, Streichhölzer (möglichst wasserdicht verpackt), Messer, Stirnlampe, Tagebuch, Kugelschreiber, Sonnenbrille, Sonnencreme, Reepschnur, Expander, Klebeband, Plastiksäcke.

Engelbert Kohl
Libyen – Fezzan

ISBN 3-900310-75-0, 30 cm breit × 26,5 cm hoch, 228 Seiten, 240 vielfach ganz- und doppelseitige Farbfotos, vierfarbiger Schutzumschlag, Leinen, Vor- und Nachsatz, gebunden.
öS 1.400,– / DM 198,– / sfr. 168,–

Die einmaligen und besonderen landschaftlichen Schönheiten der Sahara liegen in Libyen und konnten aufgrund der Revolution in diesem Land jahrelang praktisch nicht besucht werden. Engelbert Kohl durchquerte in den letzten 15 Jahren über dreißigmal die Sahara sowie viele andere Wüstengebiete und Landschaften unserer Erde. Seit 1988 leitet der Autor immer wieder Expeditionen auch nach Libyen, und hier vor allem in den Süden des Fezzan, wo die Wunder der Natur Zeugnis von der Schönheit der Sahara geben.
Dieses erste Libyen-Buch zeigt vorwiegend die vom Tourismus unberührten Gebiete, wie die zwischen Dünenkämmen liegenden Seen von Mandara und Gabron, bedeutende ehemalige Karawanenstädte und heute noch traumhafte Oasen, wie Ghadames und Ghat, die die letzten Relikte ehemaliger großer Handels- und Sklavenwege sind.
Das Buch ist eine faszinierende Reise in Geschichte und Vergangenheit, eine Reise zu geheimnisvollen Volksstämmen, wie den Tuareg, und eine Reise zu Naturlandschaften, wie sie bis heute noch in keinem Buch gezeigt wurden.

Weishaupt Verlag · A-8342 Gnas 27
Telefon (0 31 51) 84 87 · Fax (0 31 51) 20 24

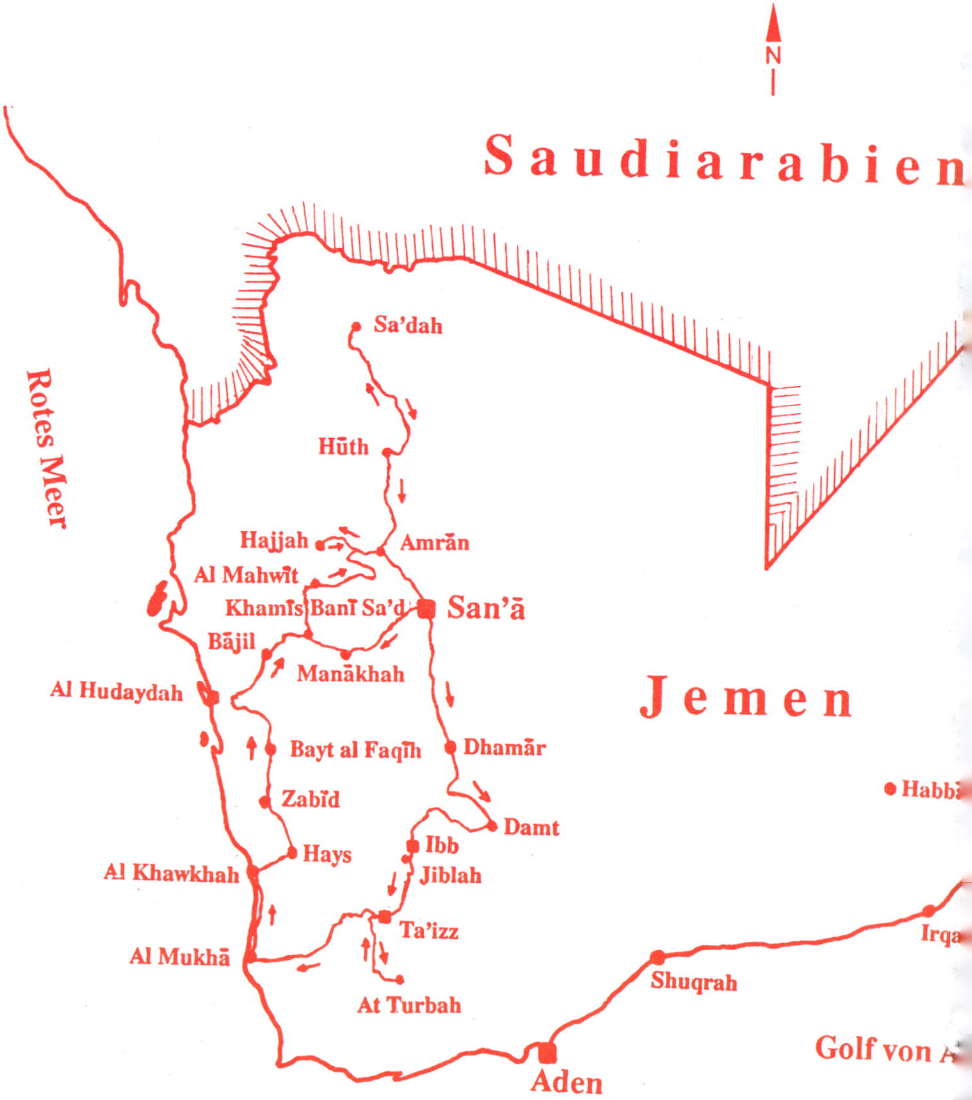

N
Saudiarabien
Rotes Meer
Sa'dah
Hūth
Hajjah
Amrān
Al Mahwīt
Khamīs Banī Sa'd
San'ā
Bājil
Manākhah
Al Hudaydah
Jemen
Bayt al Faqīh
Dhamār
Zabīd
Habb
Damt
Ibb
Hays
Jiblah
Al Khawkhah
Ta'izz
Irqa
Al Mukhā
Shuqrah
At Turbah
Golf von A
Aden